colab에서
파이썬 빅데이터 처리

진 하 수 지음

colab에서 파이썬 빅데이터 처리

발　행 | 2022년 06월 14일
저　자 | 진하수
펴낸이 | 한건희
펴낸곳 | 주식회사 부크크
출판사등록 | 2014.07.15.(제2014-16호)
주　소 | 서울특별시 금천구 가산디지털1로 119 SK트윈타워 A동 305호
전　화 | 1670-8316
이메일 | info@bookk.co.kr

ISBN | 979-11-372-8565-1

www.bookk.co.kr
© 진하수 2022

colab에서
파이썬 빅데이터 처리

진 하 수 지음

저자 소개

한국디지털경제연구원 대표원장, 다빈치논문컨설팅 대표박사, 디지털경제학 박사, 데이터통계처리(stata, spss, sci급, kci급), python과 R을 활용하는 빅데이터 처리 분석, 머신러닝과 딥러닝의 인공지능 분석 처리와 전문평가위원, 블록체인과 가상화폐 분석처리와 전문심사위원, 여러대학의 박사/석사 과정의 강사로 활동하고 있다.

들어가는 말

본 도서는 구글의 클라우드인 colab 상에서 파이썬을 학습할 수 있도록 설계되었다. 그러므로 파이썬의 IDLE상에서 처리할 수도 있지만, 요즘은 클라우드와 클라우드 기반으로 빅데이터 처리, 데이터 가공을 하며, 기사 시험도 역시 클라우드 기반으로 많이 이루어 진다. 클라우드 기반에 익숙해 질 필요가 많다. 그렇지 않으면 클라우드 기반과 친숙함 부족으로 손해를 보는 경우가 많을 수 있다. 그러므로 본 도서는 우선 구글 클라우드 colab에서 명령어나 데이터 핸들링을 해주면 좋겠다.

이 프로그래밍 코딩 책을 출판 하지만, 요즘의 트랜드는 노코딩 기술이다. 노코딩 기술이라는 단어를 여러 지면에서 접할 수 있다. 핫 트랜드인 노코딩 기술은 지루하고 까다로운 코딩작업을 없애고 프로그램을 개발하는 기술 정도로 이해하시는 분들이 많다. 하지만 프로그래밍 작업이 난해하고 복잡하지만, 이런 코딩 작업을 없애자는 취지 자체는 맞지만, 이런 정도로 이해를 하는 경우는 지능화와 고도화된 요즘의 시대적 상황을 제대로 반영하지 못한 것 같다.

코딩 교육은 사람보다는 컴퓨터에 더 적합한 언어인 C, Java, python 등의 언어를 사용하는 법을 교육하는 것이다. 즉 컴퓨터처럼 생각하고 행동하는 방법을 알고리즘이라는 형태로 반복적으로 많은 학습자에게 훈련시켜 왔다. 하지만 이런 코딩은 많은 학습자에게 난해하고 친숙하지 못한 방식으로 전수되었기 때문에 프로그래밍 작업은 항상 어려웠고, 많은 시간과 비용이 낭비되었고, 심지어 배우는 것을 포기하였다. 아무나 할 수도 없는 까다로운 기술로 여겨져 온 것이 사실이었다.

노코딩 기술은 컴퓨터 발전의 역사와 같은 방향으로 흘러가고 있다. 먼저 DOS라는 전자공학에서 Windows라는 기계공학으로 발전에서 지금은 조금 더 발전된 방향으로 나아가고 있다. 코딩의 경우도 코딩이라는 DOS 스타일의 전자공학적 분야에서 차츰 기계공학적인 분야로 발전되어가는 모양이다. 이전 DOS 시절에서는 모든 프로그램 명령어를 하나씩 타이핑 하여 하나의 에러를 용납하지 않았지만, 지금은 윈도우의 마우스처럼 부근에서 클릭으로 다음을 진행시킬 수 있는 발전을 이룩하였다.

이렇듯이 노코딩도 이전 컴퓨팅의 영역의 발전과 마찬가지로 어려운 부분을 보완하고 쉽게 활용할 수 있도록 변화시킨 획기적인 방법이다. 또한, 지금은 발상의 전환을 통해서 기계가 사람 대신에 코딩을 할 수 있도록 하는 접근법을 취하고 있다.

일부의 몇몇 기업들과 전문적 기술을 가진 몇 사람들이 이런 프로그래밍을 개발하였다. 그리고 신문 등의 자료에 따르면, 노코딩 생산성은 높아지고 있음을 보여주는 지표가 많다. 예를들면, 현재 기업에서 사용되고 있는 프레임워크 기반으로 C나 자바, 파이썬으로 개발할 경우와 비교하면 개발 인건비는 대략 최소 75%에서 최고 95%까지 절감할 수 있다고 하고 있다. 또한 개발기간도 최소 4배에서 최대 10배까지 단축할 수 있다고 하고 있다.

그러나 노코딩 기술을 채택하더라도, 개발 공정등이 자동화되어도, 개발할 대상 등에 대한 요구분석과 설계 등의 작업은 계속 사람들이 해야 할 것 같다. 현재의 입장에서는. 차후 변화에 따라 다른 특이점이 발생하면 다를 수 있을 것이다.

하지만, 그런 시대가 도래되어도 노코딩 기술의 최대 수혜자는 프로그램 기술자일 것이다. 그렇기 때문에 전문적인 프로그램 기술을 필요로 하는 직종에서는 숙련을 시켜야 하겠지만, 이 책을 읽을 독자 분들은 아마도 전반적인 파이썬의 구조와 체계 등을 숙지하고서 구현할 수 있는 역량을 습득하는데 만족을 하면 될 것 같다. 즉 다양한 노코딩의 프로그램을 활용하여 생산성을 높이고, 효율적으로 잘 사용하면 되기 때문이다.

현재 국내에서 사용되고 있는 No-coding 프로그램으로는 대표적으로 아마존의 허니 코드, 구글의 파워앱스가 있다. 아마도 한국에서 가장 인기 있는 No-coding 프로그램은 바로 스마트메이커일 것 같다. 이 앱은 어려운 코딩을 인공지능이 대신해 주기 때문에 코딩을 전혀 하지 않아도 앱을 만들 수 있다. 드래그 앤드 드롭 형태로 작동되고 있다. 기능이 부족하거나 일반 코딩보다 표현력이 낮지 않다.

이런 노코딩의 부족한 부분을 처리할 수 있는 역량을 가지든지 그렇지 않으면 기술 발전을 기다리든지 해야 할 듯 하다.

강의 등에서는 노코딩에 대한 언급을 자주하며, 실제 노코딩 프로그램을 사용해서 머신러닝과 앱과 웹페이지 등을 구현해 보기도 하지만, 코딩이 가지는 데이터 처리에 대한 요소 등은 아직 노코딩으로는 안되고 있다. 그러므로 대학에서 공부를 하거나 석사 과정에서 데이터 처리를 하는 학생들과 수업하면서 기본적인 데이터 처리라는 영역을 지도하면서 느끼는 부분이 많아서 이 책을 기술하게 되었다.

코딩 수업과 데이터 처리하는 과정에서 아주 많은 사람들과 만난다. 또한 다양한 형태의 과업을 수행하면서 다양한 배경의 전문가나 연구자들을 만나게 된다. 그러나 다양한 배경으로 인한 파이썬의 기본적인 지식의 내용에 차이가 많이 있었고, 특히 클라우드 기반의 프로그램 핸들링에 많은 어려움을 가지는 경우가 많았고, 이런 부분을 수업에 활용하기 위하여 본 교재를 편집하게 되었다.

2022년 6월 08일

<제목 차례>

<표 차례>

<그림 차례>

1. Python 역사

1991년 네덜란드 출신 프로그래머 귀도 반 로썸(Guido Van Rossum)가 발표한 고급 프로그래밍 언어로 최근 들어 많은 분야에서 사용되고 있다. 플랫폼에 독립적이며 인터프리터식, 객체지향적, 동적 타이핑(dynamically typed) 대화형 언어이다. 확장성을 무기로 많은 용도성을 지닌 언어이다.

파이썬이라는 이름은 귀도가 좋아하는 코미디 〈Monty Python's Flying Circus〉에서 따온 것으로 이름은 고대신화에 나오는 커다란 뱀을 연상하지만, 이와는 무관하다고 한다. 다만 로고에는 뱀 두마리가 형상화 되어 있다. 파이썬은 비영리의 파이썬 소프트웨어 재단이 관리하는 개방형, 공동체 기반 개발 모델을 가지고 있다.

파이썬 3.9 버전 이상부터는 64비트로 바뀌면서 32비트 컴퓨터에서 사용할 수 없다. 파이썬 3.9 버전 이상을 사용하려면 64비트 컴퓨터여야 한다.

파이썬은 다양한 프로그래밍 패러다임을 지원하는 언어이다. 객체 지향 프로그래밍과 구조적 프로그래밍을 완벽하게 지원하며 함수형 프로그래밍, 관점 지향 프로그래밍 등도 주요 기능에서 지원된다.[1]

1.1. 파이썬의 특징

파이썬의 핵심 철학은 "아름다운게 추한 것보다 낫다(Beautiful is better than ugly)." "명시적인 것이 암시적인 것 보다 낫다(Explicit is better than implicit)." "단순함이 복잡함보다 낫다(Simple is better than complex)." "복잡함이 난해한 것 보다 낫다(Complex is better than complicated)." "가독성은 중요하다(Readability counts)." 와 같이 PEP 20 문서에 잘 정리되어 있다[2].

파이썬은 언어의 핵심에 모든 기능을 넣는 대신, 사용자가 언제나 필요로 하는 최소한의 기능만을 사용하면서 확장해나갈 수 있도록 디자인되었다. 이것은 펄(Perl)[3]의

---

1) https://ko.wikipedia.org/wiki/%ED%8C%8C%EC%9D%B4%EC%8D%AC
2) https://peps.python.org/pep-0020/
3) 펄(Perl)은 래리 월이 만든 인터프리터 방식의 프로그래밍 언어 혹은 그 인터프리터 소프트웨어를 가리킨다. 펄을 처음 만들 때 래리 월은 NASA에서 시스템관리자로 일하고 있던 당시에 만들었다. 첨엔 유스넷 같은 계층구조로 버그 리포팅을 하고 싶어서 만들었다. 펄(Perl)은 원래 성서 〈마태오 복음서〉 13장 46절에 나오는 "고가의 진주"를 따서 진주를 뜻하는 "pearl"이라고 이름이 붙여졌다. 래리 월은 긍정적인 의미를 가지는 짧은 이름을 선택하고 싶었고, 서너 글자로 이루어진 낱말을 사전에서 모두 찾아 보았지만 눈에 탁 띄는 것이 없었다고 한다. 그는 아내 글로리아의 이름을 따오는 것도 고려해 봤다고 한다. 펄이 정식 공개되기 앞서, 벌써 "pearl"이란 이름의 프로그래밍 언어가 있다는 걸 알게 돼서 철자를 살짝 바꾸어 "Perl"이라고 했다. 이처럼 "Perl"은 원래 약어가 아니지만, 나중에 이름에 몇 가지 의미가 붙여졌다. 정식 메뉴얼에서는 "Practical Extraction and Report Language"(실용적인 데이터 취득 및 리포트 작성 언어)란 의미라고 기술되어 있고, 읽기 어려운 것을 풍자하여 "Pathologically Eclectic Rubbish Lister"(병적 절충주의 잡동사니 출력장치)라고 하는 조금 짓궂은 의미도 붙이곤 한다. "Perl"이란 이름을 글로 쓸 때 약간의 주의가 필요하다. 펄 언어를 나

TIMTOWTDI(there's more than one way to do it - '문제를 해결하는 방법은 단 한 가지가 아니다') 철학과는 대조적인 것이며, 파이썬에서는 다른 사용자가 썼더라도 동일한 일을 하는 프로그램은 대체로 모두 비슷한 코드로 수렴한다. 라이브러리는 기본 기능에 없는 많은 기능을 제공한다.

또, 파이썬에서는 프로그램의 문서화가 매우 중시되고 있어 언어의 기본 기능에 포함되어 있다. 파이썬은 원래 교육용으로 설계되었기 때문에 읽기 쉽고, 그래서 효율적인 코드를 되도록 간단하게 쓰도록 하려는 철학을 가지고 있다. 파이썬 커뮤니티에서도 알기 쉬운 코드를 선호하는 경향이 강하다.

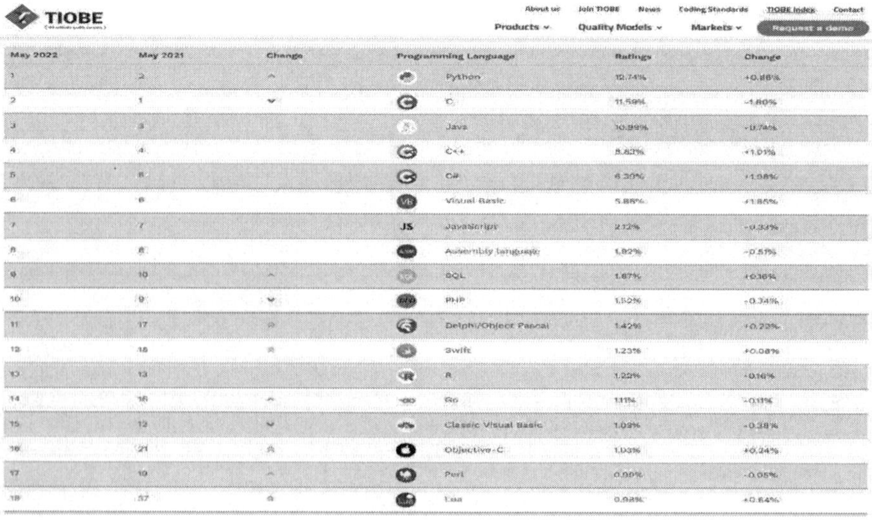

May 2022	May 2021	Change	Programming Language	Ratings	Change
1	2	⌃	Python	12.74%	+0.86%
2	1	⌄	C	11.59%	-1.80%
3	3		Java	10.99%	-0.74%
4	4		C++	8.83%	+1.01%
5	5		C#	6.39%	+1.98%
6	6		Visual Basic	5.86%	+1.85%
7	7		JavaScript	2.12%	-0.33%
8	8		Assembly language	1.92%	-0.51%
9	10	⌃	SQL	1.87%	+0.36%
10	9	⌄	PHP	1.52%	-0.34%
11	17	⌃⌃	Delphi/Object Pascal	1.42%	+0.23%
12	15	⌃⌃	Swift	1.23%	+0.08%
13	13		R	1.22%	+0.16%
14	16	⌃	Go	1.11%	+0.11%
15	12	⌄	Classic Visual Basic	1.03%	-0.38%
16	21	⌃⌃	Objective-C	1.03%	+0.24%
17	19	⌃	Perl	0.90%	-0.05%
18	37	⌃⌃	Lua	0.98%	+0.64%

[그림 1] TIOBE 언어 인덱스(22.05)

Python의 특징을 보면, 먼저 언어가 Simple하다. 엄청난 개발자 층을 가지게 했고, 수많은 라이브러리를 만들어냈다. 둘째 Cross Platform으로 기존언어들과 호환되고, 다양한 OS에서 사용 할 수 있다. 그러나 아직 전문적인 통계 패키지 등은 R에 밀리는 편이다.

Python의 활용분야를 보면, 먼저 Web Server 분야이다. Flask, django와 같은 웹프로그래밍에 사용된다. 둘째 Crawling 분야로 패키지 selenium, request, BeatifulSoup을 사용해서 활용한다. 빅데이터 처리에 결정적인 역할을 하는 분야이다. 그러나 많은 웹 호스팅에서는 불법적인 크롤링을 금지하는 등의 정책을 실시하고 있어, 정교한 기술이 더욱 발전될 전망이다.

타낼 때는 "Perl"처럼 첫 글자를 대문자로 해 고유 명사인 것을 확실히 한다. 이에 대해 현재 배포되고 있는 펄 언어의 유일한 인터프리터는 "perl"로 쓴다. 일반적으로 "perl만이 Perl을 해석할 수 있다"라는 말이 성립한다.(출처: https://nan1004au.tistory.com/189)

세째 Data Science 분야로 Pandas, Sklearn, Numpy, SciPy 등의 패키지가 있고, 이를 이용하여 AI(Machine Learning, Deep Learning, RNN, CNN, GRU)을 구현할 수 있다. 또한 Tensorflow, PyTorch 등을 활용하기도 한다.

1.2. 데이터 분석과 시각화 패키지

1) numpy

numpy는 행렬(다차원 배열)을 다루는 패키지이다. 데이터 분석이나 머신 러닝을 할 때는 데이터가 행렬 형식인 경우가 많다. Numpy는 C언어로 구현된 파이썬 라이브러리로써, 고성능의 수치계산을 위해 제작되었다. Numerical Python의 줄임말로 Numpy는 벡터 및 행렬 연산에 있어서 매우 편리한 기능을 제공한다. 또한 데이터분석을 할 때 사용되는 라이브러리인 pandas와 matplotlib의 기반으로 사용한다.

numpy에서는 기본적으로 array라는 단위로 데이터를 관리하며 이에 대해 연산을 수행한다. array는 행렬을 의미한다.

공식 홈페이지: https://numpy.org/

2) pandas

pandas는 데이터를 쉽게 다룰 수 있는 테이블 형식으로 만들어 준다. 결국 데이터 분석이나 머신 러닝을 하려면 데이터를 다루어야 하기 때문에 pandas는 데이터 분석의 가장 핵심적인 패키지이다. 거의 모든 데이터 사이언스 패키지들은 pandas와 연동된다.

공식 홈페이지: https://pandas.pydata.org/

3) matplotlib

matplotlib은 파이썬에서 가장 많이 쓰이는 데이터 시각화 라이브러리이다. 일반적인 그래프들은 거의 다 matplotlib으로 그린다.

공식 홈페이지: https://matplotlib.org/

4) seaborn

seaborn은 matplotlib를 기반으로 한 시각화 라이브러리이다. matplotlib보다 간단한 문법을 사용해서 더 예쁜 그래프들을 그릴 수 있다.

공식 홈페이지: https://seaborn.pydata.org/

5) sklearn

sklearn은 가장 대중적인 머신 러닝 라이브러리이다. 기본적인 머신 러닝 알고리즘은 모두 지원한다. 데이터 가공, 모델 평가 기능도 제공한다.
　공식 홈페이지: https://scikit-learn.org/stable/

6) tensorflow, pytorch, keras
모두 딥러닝에 최적화된 라이브러리들이다. 컴퓨터 비전에 많이 사용되는 CNN(Convolutional Neural Network), 자연어 처리에 많이 사용되는 RNN(Recurrent Neural Network) 모델 등을 구현할 수 있다.
　공식　　　　　홈페이지: https://www.tensorflow.org/?hl=ko　　　(한국어), https://pytorch.org/, https://keras.io/

7) nltk
nltk는 텍스트 데이터 가공, 시각화 등을 지원하는 자연어 처리 라이브러리이다.
　공식 홈페이지: https://www.nltk.org/

8) django
django는 파이썬에서 많이 쓰이는 웹 프레임워크이다. 일반적으로 프레임워크는 어떤 소프트웨어의 뼈대 같은 역할을 한다. 웹 프레임워크는 웹 애플리케이션을 만들기 위한 뼈대이다. 뼈대를 제외한 나머지 디테일을 채워 넣기만 하면 된다.
　공식 웹사이트: https://www.djangoproject.com/

9) flask
flask는 파이썬에서 많이 쓰이는 또 다른 웹 프레임워크이다. django 웹 개발에 필요한 모든 기능을 제공하지만 비교적 복잡하고 flask는 기본적인 기능만 제공하지만 비교적 간단하다.
　공식 웹사이트: https://flask.palletsprojects.com/en/1.1.x/

10) beautifulsoup4
beautifulsoup4는 html 또는 xml 문서를 파싱(원하는 데이터를 특정 패턴이나 순서로 추출해 가공하는 것)해 주는 라이브러리이다. 보통 웹에서 원하는 데이터를 긁어 오는 작업인 웹 스크레이핑(web scraping)에 많이 사용된다.
　공식 웹사이트: https://www.crummy.com/software/BeautifulSoup/bs4 /doc/

11) selenium
selenium은 웹 브라우저 동작을 자동화해 주는 패키지이다. selenium을 사용하면 클릭, 로그인, 검색, 스크롤링 등을 자동화할 수 있다. 웹 애플리케이션 테스팅 자동화와 웹 스크레이핑에 많이 사용된다.
  공식 웹사이트: https://github.com/SeleniumHQ/selenium/
  가이드: https://selenium-python.readthedocs.io/

12) requests
requests는 파이썬의 간편한 http 라이브러리이다. requests 라이브러리를 통해 쉽게 http 요청을 보낼 수 있다.
  공식 웹사이트: https://requests.readthedocs.io/en/master/

13) opencv (설치: opencv-python 임포트: import cv2)
opencv는 컴퓨터 비전에 많이 사용되는 라이브러리이다. 이미지 프로세싱, 얼굴 인식, 문자 인식 등 많은 기능을 제공한다.
  공식 웹사이트: https://opencv.org/

14) StatsModels
statsmodels은 다양한 통계 모델을 추정하고 통계 테스트 및 통계 데이터 탐색을 수행하기 위한 클래스와 함수를 제공하는 Python 모듈이다. 각 추정기에 대해 광범위한 결과 통계 목록을 사용할 수 있다.
  공식 웹사이트: https://statsmodels.org

1.3. colab 설치
아래의 사이트를 따라 들어간다.
https://colab.research.google.com

[그림 2] colab 화면

2. Python의 데이터 타입

Python의 대표적 데이터 타입을 요약하면 다음 [그림 3]과 같다.

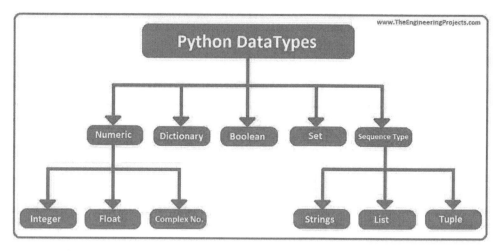

[그림 3] Python data types (1)

데이터 타입(Data Type)의 기본형(basic data type)과 컬렉션형(collection data type) 구분 기준은, 기본은 단일 형태로 사용하는 타입이고, 컬렉션은 기본 데이터 타입이 혼용되어 집단으로 존재하는 데이터 타입이다.

데이터 타입의 기본형으로 숫자(numbers), 문자열(string), 리스트(list), 튜플(tuple), 집합(set), 불형(boolean)과 딕셔너리(dictionary)과 등이 있다.

컬렉션형(collection data type)으로는 시퀀스, 매핑과 컨테이너 등이 있다. 시퀀스 타입에는 문자열, 리스트와 튜플이 있고, 매핑에는 딕셔너리, 컨테이너에는 집합과 딕셔너리가 있다.

또한 저장 개수에 따른 분류를 하면, 리터널(Literal/Scalar)형과 컨테이너(Container)형이 있다. 먼저 리터널(Literal/Scalar)형은 한 가지 객체만 저장한다. 예를들면 기본형에서는 str, bytes, bytearray, int, float, complex 등이 있다. 또한 컨테이너(Container)형에는 여러 가지 객체를 저장한다. 기본형에서 list, tuple, dict, set, frozenset 등이 여기에 속한다.

그리고 변경 가능성 여부에 따른 분류에서는 변경 가능형(Mutable)과 변경불가능형(Immutable)으로 구분한다. 변경 가능형(Mutable)은 데이터 값을 변경할 수 있다. 예를들면 list, dict, set 등이 여기에 속한다. 그러나 변경불가능형(Immutable)은 데이터의 값을 변경할 수 없다. 예를들면 int, float, complex, str, tuple, frozenset 등이 여기에 속한다.

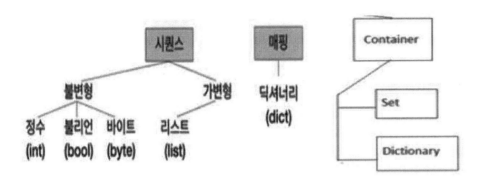

[그림 4] Python data types (2)

Python 자료형 구조를 나누면 다음 [표 1]과 같다.

자료형 구조	구분	설명	예
저장 방법에 따른 분류	직접(Direct)형	직접 데이터를 표현하는 자료형로 수치형이 여기에 속한다.	int, float, complex
	시퀀스(Sequence)형	다른 데이터를 포함하는 자료형로 순서가 있는 집합 자료형이다.	list, str, tuple, bytes, bytearray, range
	매핑(Mapping)형	다른 데이터를 포함하는 자료형이다	dict
	집합(Set)형	순서가 없고, 중복된 항목도 없다.	set, frozenset
변경 가능성 여부에 따른 분류	변경 가능형(Mutable)	데이터 값을 변경할 수 있다.	list, dict, set
	변경불가능형 (Immutable)	데이터의 값을 변경할 수 없다.	int, float, complex, str, tuple, frozenset
저장 개수에 따른 분류	리터널(Literal/Scalar)형	한 가지 객체만 저장한다.	str, bytes, bytearray, int, float, complex
	컨테이너(Container)형	여러 가지 객체를 저장한다	list, tuple, dict, set, frozenset
패키지별 분류	Array	numpy 데이터 타입 자료형	다차원 배열(ndarray)
	Series, DataFrame	pandas 데이터 타입 자료형	Series(1차원 배열) 데이터프레임

[표 1] Python 자료형의 분류 요약

기본 자료 타입에 따른 변경 가능성과 접근 방식에 따른 분류는 [표 2]와 같다.

자료형	변경가능성	접근 방법
int, float, complex, bool	불가능	직접
str	불가능	시퀀스

list	가능	시퀀스
tuple	불가능	시퀀스
dict	가능	매핑
bytes	불가능	시퀀스
bytearray	가능	시퀀스
set	가능	반복자
frozenset	불가능	반복자

[표 2] 기본 자료형의 분류

파이썬의 자료형과 관련된 함수로 type(), dir()과 help() 함수가 있다. type( )은 python에서는 모든 값을 type( ) 함수를 통해 자료형을 확인한다. dir( )은 자료형의 내장 함수를 검색할 수 있다. help( )는 자료형에서 제공하는 메소드 사용법을 검색 할 수 있다.

2.1. 기본형 자료형

파이썬의 자료형은 숫자(numbers), 문자열(string), 리스트(list), 튜플(tuple), 집합 (set)과 딕셔너리(dictionary) 등이 있다. 먼저 숫자를 나타내는 자료형으로는 정수 (int), 부동소수점수(float), 복소수(complex)가 있다.

1) 숫자형

```
type(100000000)              # 정수
〈class 'int'〉

type(2.8)                    # 부동소수점수
〈type 'float'〉

type(3+4j)                   # 복소수
〈type 'complex'〉
```

int는 정수(integer)를 나타낸다. float는 부동소수점수(floating-point number)이 지만, 단순히 소수점 이하를 표현할 수 있는 수에 해당한다. 복소수를 complex로 나 타낸다.

가) 수치형 선언

```
x = 3
print(x, type(x))
3 ⟨class 'int'⟩
```

```
x = 3.232
print(x, type(x))
3.232 ⟨class 'float'⟩
```

```
x = 2.
print(x, type(x))
2.0 ⟨class 'float'⟩
```

```
x = 2+3j
print(x.real)                    # 실수 부
print(x.imag)                    # 허수 부
print(x.conjugate())             # 켤레 복소수

2.0
3.0
(2-3j)
```

나) 산술연산

사칙 연산자은 더하기 (+), 빼기 (-), 곱하기 (*), 나누기 (/), 몫 구하기 (//), 나머지 구하기 (%), 지수승 (**)

```
2+2

4
```

```
2*6

12
```

```
print(17/3)                      # 나눗셈

5.666666666666667
```

```
print(17//3)                     # 몫

5
```

```
print(17%3)                      # 나머지
```

```
2
```

다) 연산순서

```
(50-5*6)/4                          # 연산의 순서를 바꾸는 법 : 괄호()

5.0
```

```
x  = 10                             # 축약 연산자
x = x + 10
print(x)

20
```

```
x = 10
x+=10
print(x)

20
```

라) 비교 연산자

```
a=3                                 # 숫자 비교
b=3
print(a==b)                         # 같으면 True, 다르면 False
print(a!=b)                         # 다르면 True, 같으면 False

True
False
```

```
a, b = 30, 20
print(a<b)                          # 같으면 True, 다르면 False

False
```

```
str1 = 'hello'                      # 문자열 비교
str2 = 'world'
print(str1>str2)                    # 'h'가 'w'보다 먼저 온다

False
```

```
a, b = 12, 8                        # 앞에 0은 생략가능
```

```
print(f'a: {bin(a)}, b:{bin(b)}')          # 0b 가 붙어 이진수 임을 나타낸다.

a: 0b1100, b:0b1000
```

```
print(f'a | b: {bin(a | b)}')              # 둘 중 하나라도 1 이면, 1

a | b: 0b1100
```

2) 문자형(string)

문자열(String)이란 문자, 단어 등으로 구성된 문자들의 집합을 의미한다. 문자열이란 문자의 나열로, 파이썬에서 문자열은 특이하게 개별 문자든 문자열이든 모두 문자열로 취급한다. 문자 하나, 공백 하나도 문자 하나만 나열된 문자열(str; string)로 간주한다

문자열(string)에는 영문자: a ~ z, A ~ Z, 그 외 문자들과 특수문자인 !@#$. 등도 이에 포함된다. 또한 공백문자(whitespace character)로 tab, enter(newline, 줄바꿈문자), space(공백문자)과 작은 따옴표(' ')와 큰 따옴표 (" ") 등도 문자열에 포함된다.

```
"Life is too short, You need Python"
"a"
"123"
```

문자열을 보면 모두 큰따옴표(" ")로 둘러싸여 있다. "123"은 숫자이지만, " "안에 있으면 문자열로 간주한다. 즉 따옴표로 둘러싸여 있으면 모두 문자열이다. 문자열을 표현하는 방법은 4가지가 있다.

가) 문자열 선언

먼저 큰따옴표(" ")로 양쪽 둘러싸는 경우로 "Hello World"와 같다. 둘째 작은 따옴표(' ')로 양쪽 둘러싸는 경우로 'Python is fun'으로 표현할 수 있다. 세째 큰따옴표 3개를 연속(""" """)으로 써서 양쪽 둘러싸는 경우로 """Life is too short, You need python"""과 같은 형태로 긴 문장을 표현할 때 자주 사용된다. 네째 작은 따옴표 3개를 연속(''' ''')으로 써서 양쪽 둘러싸는 경우로 '''Life is too short. You need python'''과 같이 표현할 수 있다.

```
print ("=" * 50 )
print ("My Program")
```

```
print ("=" * 50 )

==================================================
My  Program
==================================================
```

```
a = "Life is too short, You need Python"
a[3]                                    # 문자열 인덱싱

'e'
```

```
a = "Life is too short, You need Python"
b = a[0] + a[1] + a[2] + a[3]
b                                       # 문자열 슬라이싱

'Life'
```

인덱싱 기법과 슬라이싱 기법은 뒤에서 배울 자료형인 리스트나 튜플에서도 사용할 수 있다.

```
a = "20010331Rainy"
year = a[:4]
day = a[4:8]
weather = a[8:]
year, day, weather

('2001', '0331', 'Rainy')
```

작은 따옴표와 큰따옴표의 경우는 문자열 데이터를 나타내려면 텍스트를 작은 따옴표 또는 큰 따옴표로 감싸 표기하면 된다.

```
"Today's coffee"                        # 큰 따옴표로 감쌀 때는 OK

"Today's coffee"
```

```
'Today's coffee'                        # 작은 따옴표로 감싸면 오류가 발생

SyntaxError: invalid syntax
```

나) 탈출 문자(Escape character)

탈출문자(Escape character)의 경우는 백 슬래쉬를 문자 앞에 사용하여 원하는 문자가 나오게 해준다.4)

---

4) 에러 내용 EOL while scanning string literal는 흔하게 나오는 에러로, 원인 및 해결방법은 원인은 오타에 있

```
'Today\'s newspaper'                    # 작은 따옴표와 이스케이프(\)로

"Today's newspaper"
```

```
Escape code      설명
\n               줄바꿈(=개행)
\t               수평 탭문자(8칸)
\\               백슬래시 "\"
\'               작은따옴표(')
\"               큰따옴표(")
\r               캐리지 리턴(커서앞으로이동)
\b               백 스페이스
```

```
text = 'Today\'s coffee:\n "카페 라테" \n"아메리카노"'
print (text )

Today's coffee:
"카페 라테"
"아메리카노"
```

```
poem = '죽는 날까지 하늘을 우러러\n한 점 부끄럼이 없기를,\n잎새에 이는 바람에도
\n나는 괴로워했다.\n별을 노래하는 마음으로\n모든 죽어 가는 것을 사랑해야지\n그리고 나한테 주어진
길을\n걸어가야겠다.\n오늘밤에도 별에 바람이 스치운다.'
print (poem )

죽는 날까지 하늘을 우러러
한 점 부끄럼이 없기를,
잎새에 이는 바람에도
나는 괴로워했다.
별을 노래하는 마음으로
모든 죽어 가는 것을 사랑해야지
그리고 나한테 주어진 길을
걸어가야겠다.
오늘밤에도 별에 바람이 스치운다.
```

탈출문자(escape code)를 모두 그대로의 문자로 취급한다. 문자열 앞에 r 붙히면 그대로 출력된다.

```
print ('Life is too short\n You enjoy your life')

Life is too short
You enjoy your life
```

```
print(r'Life is too short\n You need python')
```

다는 것이다. 코드에 괄호나 따옴표가 빠져있는지 확인한다. 특히 문자열 주변을 잘 살펴본다.

```
Life is too short\n You need python
```

문자열 연산을 보자.

```
print('파'+'이'+'썬')
print('파'+'2'+'썬')                    # '2'에 유의
print('파'*2)

파이썬
피2썬
파파
```

다) 인덱싱과 슬라이스

```
s = "Life is too short"               # python은 0부터 넘버링이 된다.
print(s[0])
print(s[1])
print(s[2])
print(s[3])

L
i
f
e
```

```
print(s[-1])
print(s[-2])
print(s[-3])
print(s[-4])
print(s[-5])

t
r
o
h
s
```

```
tmp = 'Life is too short'
print(tmp[8:])                        # 아홉번째 부터끝까지 출력

too short

print(tmp[:-5])                       # -5 까지 출력

Life is too
```

```
s = "Life is too short"
s[1:3]

if
```

문자열 수정할 수 없다. 즉 문자열은 그 값을 수정, 변경할 수 없다. 그러므로 str 은 수정 불가하므로 항상 새로 생성해야 한다.

```
TypeError: 'str' object does not support item assignment
```

```
tmp = 'Life is too short'
tmp1=print (tmp [:5 ] + 'is fun')
tmp1

'Life is fun'
```

라) 문자열 함수

문자열 길이	len
대문자 만들기	upper
소문자 만들기	lower
문자 개수 세기	count
문자 찾기	find
인덱스 확인	index
공백 제거	strip
양쪽 공백 제거	strip
오른쪽 공백 제거	rstrip
왼쪽 공백 제거	lstrip
문자열 대체	replace
문자 합치기	join
문자 쪼개기	split

[표 3] 문자열 함수들

함수별 format을 보면, 문자열 길이는

```
s = 'Life is too short, You love yourself.'
print (s )
print (len (s ))
```

```
Life is too short, You love yourself.
37
```

upper / lower 함수

```
s = 'Life is too short. You love yourself.'
print (s )
print ('='*40 )
print (s.lower ())

Life is too short. You love yourself.
========================================
life is too short. you love yourself.
```

```
s = 'Life is too short. You love yourself.'
print (s )
print ('='*40 )
print (s.upper ())

Life is too short. You love yourself.
========================================
LIFE IS TOO SHORT. YOU LOVE YOURSELF.
```

count 함수

```
s = 'Life is too short. You love yourself.'
print (s )
print ('='*40 )
s.count ('o')                           # o가 몇개 있는지

Life is too short. You love yourself.
========================================
6
```

find 함수

```
s = 'Life is too short. You love yourself.'
s.find ('is')                           # is 의 index

5

s.find ('z')                            # 못 찾으면 -1 반환
-1

s.index('z')                            # 없는 경우
ValueError : substring not found

s.index('s')
```

공백제거 함수(lstrip, rstrip, strip)

```
s = ' Life is too short. You love yourself. '
print (s)
print ('='*40 )
print (s.lstrip ())
```

```
 Life is too short. You love yourself.
========================================
Life is too short. You love yourself.
```

오른쪽 공백 없애기

```
s = ' Life is too short. You love yourself. '
print (s )
print ('='*40 )
print (s.rstrip ())
```

```
Life is too short. You love yourself.
========================================
Life is too short. You love yourself.
```

양쪽 공백 없애기

```
s = ' Life is too short. You love yourself. '
print (s )
print ('='*40 )
print (s.strip ())
```

```
 Life is too short. You love yourself.
========================================
Life is too short. You love yourself.
```

문자열 대체 replace

```
s = ' Life is too short. You love yourself. '
print (s )
print ('='*40 )
print (s.replace ('short','long'))
```

```
 Life is too short. You love yourself.
========================================
Life is too long. You love yourself.
```

마) 문자열 Format

중괄호 { } 안에 인자 값이 출력된다. 기존 format 보다 편리한 사용할 수 있다. python 3.6 이후 formatting 기법으로 지정 서식으로 문자열: s/ 정수:d/ 실수:f 로 되어 있다.

```
name = 'Biden'
print (f '나의 이름은 {name} 입니다')
print (f '나의 이름은 {name:4s} 입니다')

나의 이름은 Biden 입니다
나의 이름은 Biden 입니다
```

```
price = 25000
print (f '파일코인은 {price }원 입니다')
print (f '파일코인은 {price :7 d }원 입니다')  # 5 자리 맞추기
print (f '파일코인은 {price :>7 d }원 입니다') # 왼쪽 정렬
print (f '파일코인은 {price :<7 d }원 입니다') # 오른쪽 정렬
print (f '파일코인은 {price :^7 d }원 입니다') # 가운데 정렬
print (f '파일코인은 {price :07 d }원 입니다') # 5 자리 맞추고 남은 자리 0 넣기

파일코인은 25000원 입니다
파일코인은 25000원 입니다
파일코인은 25000원 입니다
파일코인은 25000 원 입니다
파일코인은 25000 원 입니다
파일코인은 0025000원 입니다
```

```
acc = 988.56748
print (f '정확도는 {acc }% 입니다.')
print (f '정확도는 {acc :.6 f }% 입니다.')

정확도는 988.56748% 입니다.
정확도는 988.567480% 입니다.
```

3) 리스트형(list)

리스트(list)는 다수의 자료 값을 콤마(,)로 구분해 꺽은 괄호 [ ]로 묶어서 배열 형태로 만든 자료형이다. 리스트 안에 담긴 원소들 간에 순서가 있어서 0, 1, 2, …의 인덱스를 붙여 각 원소를 호출 할 수 있다. 원소의 내용을 변경할 수 있다.

```
a = [ ]
b = [1, 2, 3]
c = ['Life', 'is', 'too', 'short']
d = [1, 2, 'Life', 'is']
```

```
e = [1, 2, ['Life', 'is']]
```

리스트는 a처럼 아무것도 포함하지 않아 비어 있는 리스트([ ])일 수도 있고 b처럼
숫자를 요소값으로 가질 수도 있고 c처럼 문자열을 요소값으로 가질 수도 있다. 또한
d처럼 숫자와 문자열을 함께 요소값으로 가질 수도 있으며 e처럼 리스트 자체를 요
소값으로 가질 수도 있다. 즉 리스트 안에는 어떠한 자료형도 포함시킬 수 있다. 비
어 있는 리스트는 a = list()로 생성할 수도 있다.

```
a = ['삼성전자', 40000, True ]
type (a)

list
```

```
a = [1 , 2 , 3 , ['a', 'b', 'c']]
a[0]                                    #인덱싱

1
```

```
a[-1]

['a', 'b', 'c']
```

```
a[3]

['a', 'b', 'c']
```

```
a[-1][0]

'a'
```

```
a[-1][1]

'b'
```

```
a[-1][2]

'c'
```

```
a = [1, 2, 3, 4, 5 ]
b = a[:2]
c = a[2:]                               # 슬라이싱
b
```

```
[ 1 , 2 ]
```

```
c

[3, 4, 5 ]
```

```
a = [1 , 2 , 3 ]
b = [4 , 5 , 6 ]
a + b                          # 연산하기

[1 , 2 , 3 , 4 , 5 , 6 ]
```

가) 리스트 선언

```
empty_list = []               # 빈 리스트
print(empty_list)

empty_list2 = list()
print(empty_list2)
[]
[]
```

```
x = [10,20,30]                # 콤마(,)로 구분하자
print(x)

 y = [100,3.14,'abc',True,x]  # 어떤 type이든 상관없음
print(y)

[10, 20, 30]
[100, 3.14, 'abc', True, [10, 20, 30]]
```

나) 인덱싱과 슬라이스

```
coin=['btc','eth','fil','doge','xrp']
print (coin)                  # print하면 따옴표 날아감

btc
```

메뉴에서 마지막 원소 출력하기
```
print(coin[-1])

xrp
```

리스트 슬라이싱

```
coin=['btc','eth','fil','doge','xrp']          # 전체 출력
print(coin[:])

['btc', 'eth', 'fil', 'doge', 'xrp']
```

```
coin[1:4]

['eth', 'fil', 'doge']
```

```
print(coin[1:6:2])

['eth', 'doge']
```

```
print(coin[::2])          # 전체 리스트를 두칸씩 띄어서 출력

['btc', 'fil', 'xrp']
```

다) 요소값 변경

```
coin[0]='usd'
print (coin )
print(coin[0])

['usd', 'eth', 'fil', 'doge', 'xrp']
usd
```

```
del coin[0]
print(coin)

['eth', 'fil', 'doge', 'xrp']
```

```
coin[::2]          # 전체 리스트를 두칸씩 띄어서 출력한 값을 변경
print(coin)

['eth', 'doge']
['eth', 'fil', 'doge', 'xrp']
```

라) 원소 추가하기
+ 연산자, append, extend

```
coin=['btc','eth','fil','doge','xrp']+['usd']  # + 연산자
print (coin )

['btc', 'eth', 'fil', 'doge', 'xrp', 'usd']
```

```
coin.append ('luna')                        # append 순수하게 그대로 더하기
print (coin )

['btc', 'eth', 'fil', 'doge', 'xrp', 'usd', 'luna']
```

```
coin.append (['luna','tera'])
print (coin )

['btc', 'eth', 'fil', 'doge', 'xrp', 'usd', 'luna', ['luna', 'tera']]
```

```
coin.extend (['luna','tera'])# extend      # 원소별로 따로 저장
print (coin )

['btc', 'eth', 'fil', 'doge', 'xrp', 'usd', 'luna', ['luna', 'tera'], 'luna', 'tera']
```

이차원리스트

```
미국코인 = ['btc','eth']
중국코인 = ['bit','eos']
김치코인 = ['luna', 'tera']
기타코인 = ['xrp','doge']

new_coin = [미국코인, 중국코인, 김치코인, 기타코인]

new_coin                                    # 괄호가 두개

[['btc', 'eth'], ['bit', 'eos'], ['luna', 'tera'], ['xrp', 'doge']]
```

```
new_coin[0][0]              # 인덱싱  # new_coin[행][열]

btc
```

삼차원리스트

```
coin_set =[new_coin,new_coin,new_coin]
coin_set                                    # 대괄호가 3개 3차원
[[['btc', 'eth'], ['bit', 'eos'], ['luna', 'tera'], ['xrp', 'doge']],
[['btc', 'eth'], ['bit', 'eos'], ['luna', 'tera'], ['xrp', 'doge']],
[['btc', 'eth'], ['bit', 'eos'], ['luna', 'tera'], ['xrp', 'doge']]]
```

```
coin_set[0][0][0]

btc
```

바) 리스트 함수

리스트 함수	
전체 길이	len
요소 추가	append
확장	extend
정렬	sort
뒤집기	reverse
요소 위치 반환	index
요소 삽입	insert
요소 제거	remove
요소 끄집어내기	pop
요소 개수 세기	count

[표 4] 리스트 함수들

```
print(len(coin))              # list의 길이 # len
print(len(coin[0]))           # string의 길이

10
3
```

```
print("마지막 원소 : ",coin.pop())     # pop: 마지막 원소 삭제
print(coin)

마지막 원소 : tera
['btc', 'eth', 'fil', 'doge', 'xrp', 'usd', 'luna', ['luna', 'tera'], 'luna']
```

```
coin.remove ('luna')          # 중복된 값 다 지우진 않음(왼쪽부터 지움)
print (coin)

['btc', 'eth', 'fil', 'doge', 'xrp', 'usd', ['luna', 'tera'], 'luna']
```

```
coin.insert(3,'klay')         # 3번째에 넣어라
print(coin)                   # insert : 위치 지정해서 넣어줄수 잇음

['btc', 'eth', 'fil', 'klay', 'klay', 'doge', 'xrp', 'usd', ['luna', 'tera'], 'luna']
```

```
coin=['btc','eth','fil','doge','xrp']+['usd']   # sort : 가나다순으로 정렬해줌
coin.sort ()
print (coin)
```

```
['btc', 'doge', 'eth', 'fil', 'usd', 'xrp']
```

```
coin.sort(reverse=True)          # 역순으로 정렬
print(coin)

['xrp', 'usd', 'fil', 'eth', 'doge', 'btc']
```

```
coin.index ('btc')               # index, 중복된 값을 다 찾아주진 않는다.

5
```

4) 튜플형(tuple)

튜플(tuple)은 리스트와 달리 꺾은 괄호가 아닌 둥근 괄호 ( )를 사용한다. 원소들 간에 순서가 있고 인덱스로 호출할 수 있는 등 리스트와 성질이 거의 유사하다. 변수를 한번 생성하면 원소의 내용을 변경할 수 없다는 점에서 리스트와 구별된다. 튜플 (tuple)과 리스트와 다른 점은 리스트는 [ ]으로 둘러싸지만 튜플은 ( )으로 둘러싼다. 또한 리스트는 그 값의 생성, 삭제, 수정이 가능하지만 튜플은 그 값을 바꿀 수 없다.

가) 튜플 선언

```
b = (None, [1,2], 3, 3, 3)
type (b )

tuple
```

```
t1 = ()
t2 = (1 ,)
t3 = (1 , 2 , 3 )
t4 = 1 , 2 , 3
t5 = ('a', 'b', ('ab', 'cd'))
```

```
t1 = (1, 2, 'a', 'b')            # 튜플 요소값 삭제불가
del t1[0]

TypeError                                    Traceback (most recent call last)
<ipython-input-4-0cf771fd4919> in <module>()
      1 t1 =(1 ,2 ,'a','b') # 튜플 요소값을 삭제불가
----> 2 del t1 [ 0 ]
TypeError : 'tuple' object doesn't support item deletion
```

```
t1 = (1, 2, 'a', 'b')            # 튜플 요소값 변경 불가
t1[0] = 'c'      # TypeError
```

나) 인덱싱과 슬라이스

```
t1 = (1, 2, 'a', 'b')
t1[0]                        # 인덱싱하기

1
```

```
t1[3]

'b'
```

```
t1 = (1, 2, 'a', 'b')
t1[1:]                       # 슬라이싱하기

(2, 'a', 'b')
```

```
tmp = tuple()                # 빈 튜플 설정
print(tmp)

()
```

```
tmp = ()
print(tmp)

()
```

```
t1 = (1 , 2 , 'a', 'b')
t2 = (3 , 4 )
t1 + t2                      #더하기

(1 , 2 , 'a', 'b', 3 , 4 )
```

```
t2 = (3 , 4 )
t2 * 3                       # 곱하기

(3 , 4 , 3 , 4 , 3 , 4 )
```

```
t1 = (1 , 2 , 'a', 'b')
len (t1)                     # 길이

4
```

다) 튜플 할당(Tuple Assignment)
함수의 리턴 값은 튜플 ...

```
def play(x):
    "'... 생략 ...'"
    return x1, x2
```

```
coin=('btc','eth','fil','doge','xrp')
coin
```

```
('btc', 'eth', 'fil', 'doge', 'xrp')
```

```
coin = 'btc','eth','fil','doge','xrp'      # 괄호가 없어도 됨
print(typo(coin))
```

```
<class 'tuple'>
```

```
a,b,c = (1,2,3)                            # 동일과 결과
print(a,b,c)
```

```
1 2 3
```

```
a,b,c = 1,2,3
print(a,b,c)
```

```
1 2 3
```

5) 집합형(set)

집합(set)은 물결모양 괄호 '{ }'를 사용한다. 원소들 간에 순서가 없고, 중복 불가
능하기 때문에 생성 시 중복 원소는 제거된다.

가) 집합 선언

```
c = {1 , 2 , 5 }
type (c )
```

```
set
```

```
s1 = set([1 ,2 ,3 ])
s1
```

```
{1 , 2 , 3 }
```

```
s2= set ("Hello")
s2
```

```
{'e', 'H', 'l', 'o'}
```

```
s1 = set([1 ,2 ,3 ])
l1 = list (s1)
l1

[1 , 2 , 3 ]
```

순서가 없어서 indexing이 불가능하지만, 중복된 원소들을 제거할 수 있다.

```
tmp = set()                    # 빈
print(type(tmp))

<class 'set'>
```

```
nums = {1,2,3}                 # 중괄호 # key dict
type(nums)

set
```

나) 인덱싱과 슬라이스

```
l1[0]

1
```

```
t1 = tuple (s1)                # tuple로 변환 후 인덱싱
t1

(1 , 2 , 3 )
```

```
t1[0]

1
```

다) add, remove, pop

집합 삽입 삭제함수로는 add, remove, pop이 있다.

```
number_set = set([1,2,3,3,4,2,4,5,5,6])
number_set

{1, 2, 3, 4, 5, 6}
```

```
number_set = set([1,2,3,3,4,2,4,5,5,6])
```

```
number_set.add(10)
number_set

{1, 2, 3, 4, 5, 6, 10}
```

```
number_set = set([1,2,3,3,4,2,4,5,5,6])
number_set.remove(2)
number_set

{1, 3, 4, 5, 6}
```

```
number_set = set([1,2,3,3,4,2,4,5,5,6]) # 제일 왼쪽 부터 pop
number_set.pop()
number_set

{2, 3, 4, 5, 6}
```

라) 집합 구조변경

```
number_set = set([1,2,3,3,4,2,4,5,5,6])
print(type(number_set))

<class 'set'>
```

```
print(list(number_set))
print(type(list(number_set)))

[1, 2, 3, 4, 5, 6]
<class 'list'>
```

```
print(tuple(number_set))
print(type(tuple(number_set)))

(1, 2, 3, 4, 5, 6)
<class 'tuple'>
```

6) 딕셔너리형(dictionary)

딕셔너리(dictionary)는 집합 자료형과 형태가 거의 유사하다. 물결모양 괄호, 원소 간 순서없음, 중복 불가로 각 원소마다 키(key)가 부여되어 키를 통해 원소를 호출할 수 있다.

딕셔너리에서 Key는 고유한 값이므로 중복되는 Key 값을 설정해 놓으면 하나를 제외한 나머지 것들이 모두 무시된다. 또 주의해야 할 사항은 Key에 리스트는 쓸 수 없다는 것이다. 하지만 튜플은 Key로 쓸 수 있다. 딕셔너리의 Key로 쓸 수 있느냐 없느냐는 Key가 변하는(mutable) 값인지 변하지 않는(immutable) 값인지에 달려 있다. 리스트는 그 값이 변할 수 있기 때문에 Key로 쓸 수 없다.

가) 딕셔너리 선언

key, value로 되어 있고, key 값은 유일해야 하지만, value 값은 유일할 필요 없다.

```
tmp = dict() # 빈 딕셔너리
print(tmp)

{}
```

```
tmp = {}
print(tmp)

{}
```

```
coin = { '미국코인' : 'btc', '중국코인': 'eos', '김치코인': 'luna', '기타코인': 'xrp'}
print(coin)

{'미국코인': 'btc', '중국코인': 'eos', '김치코인': 'luna', '기타코인': 'xrp'}
```

```
d= {'삼성전자' : 60000 , 'Naver' : 200000 ,'현대차': 180000 }
type (d )

dict
```

나) keys() & values()

```
coin.keys() # key

dict_keys(['미국코인', '중국코인', '김치코인', '기타코인'])
```

```
coin.values() # values

dict_values(['btc', 'eos', 'luna', 'xrp'])
```

```
coin.items() # items

dict_items([('미국코인', 'btc'), ('중국코인', 'eos'), ('김치코인', 'luna'), ('기타코인', 'xrp')])
```

```
grade.keys()

dict_keys(['bitcoin', 'filecoin'])
```

```
grade.values()

dict_values([50000000, 25000])
```

grade.keys()는 딕셔너리 grade의 Keys만을 모아서 dict_keys 객체를 반환한다. 또한 grade.values()는 딕셔너리 grade의 Values만을 모아서 dict_values 객체를 반환한다.

다) 구성성분 호출

```
print (coin'미국코인')
print (coin'김치코인')
print (coin'기타코인')

btc
luna
------------------------------------------------------------------
KeyError                                    Traceback (most recent call last)
⟨ipython-input-13-4592befc2dce⟩ in ⟨module⟩()
      1 print (coin'미국코인')
      2 print (coin'김치코인')
----⟩ 3 print (coin'기타코인')
KeyError : '기타코인'
```

리스트나 튜플, 문자열은 요소 값을 얻고자 할 때 인덱싱이나 슬라이싱 기법 중 하나를 사용한다. 하지만 딕셔너리는 단 한 가지 방법으로 Key를 사용해서 Value를 구하는 방법이다. 'bitcoin'이라는 Key의 Value를 얻기 위해 grade['bitcoin']를 사용한 것처럼 어떤 Key의 Value를 얻기 위해서는 딕셔너리 변수이름[Key]를 사용한다.

```
a = {1: 'a'}
a[2] = 'b'                          # 딕셔너리 쌍 추가하기
a

{1: 'a', 2: 'b'}
```

```
a['name'] = 'pey'
a
```

```
{1 : 'a', 2 : 'b', 'name': 'pey'}
```

```
a[3 ] = [1 ,2 ,3 ]                              # 첨가
a
```

```
{1 : 'a', 2 : 'b', 'name': 'pey', 3 : [1 , 2 , 3 ]}
```

```
del a[1 ]                                       # 삭제
a
```

```
{2 : 'b', 'name': 'pey', 3 : [1 , 2 , 3 ]}
```

```
grade = {'bitcoin': 50000000, 'filecoin': 25000}
grade['bitcoin']
```

```
50000000
```

```
grade['filecoin']
```

```
25000
```

라) 삽입과 할당

```
coin = { '미국코인' : 'btc', '중국코인': 'eos', '김치코인': 'luna', '기타코인': 'xrp'}
coin['미국코인'] = 'eth'
print (coin )
```

```
{'미국코인': 'eth', '중국코인': 'eos', '김치코인': 'luna', '기타코인': 'xrp'}
```

```
del   coin['미국코인']
print (coin )
```

```
{'중국코인': 'eos', '김치코인': 'luna', '기타코인': 'xrp'}
```

```
coin.items()
```

```
dict_items([('미국코인', 'eth'), ('중국코인', 'eos'), ('김치코인', 'luna'), ('기타코인', 'xrp')])
```

```
coin = {'창시자':'사토시',  # 딕셔너리 생성 # key가 유일하게 해줘야함
        '발행연도':2018,
         '명칭':'비트코인'
          '상표': 'btc'
        }
```

```
print (coin )
```

```
{'창시자': '사토시', '발행연도': 2018, '명칭': '비트코인', '상표': 'btc'}
```

```
coin['창시자']
```

```
사토시
```

```
coin['발행국'] = '미국' # item 추가, value 수정가능
coin['발행연도'] = 2008 #값 수정
coin
```

```
{'명칭': '비트코인', '발행국': '미국', '발행연도': 2008, '상표': 'btc', '창시자': '사토시'}
```

```
coin['발행연도'] # 값을 부를때는 대괄호
```

```
2008
```

```
10del   coin['발행국']
coin
```

```
{'명칭': '비트코인', '발행연도': 2008, '상표': 'btc', '창시자': '사토시'}
```

```
print(type(coin.items()))# list로 바꿔야 slicing이나 indexing이 가능
list(coin.items())
```

```
<class 'dict_items'>
[('창시자', '사토시'), ('발행연도', 2008), ('명칭', '비트코인'), ('상표', 'btc')]
```

```
coin.keys()
```

```
dict_keys(['창시자', '발행연도', '명칭', '상표'])
```

```
list(coin.keys()) # list로 바꿔야 slicing이나 indexing이 가능
```

```
['창시자', '발행연도', '명칭', '상표']
```

```
coin.values()
```

```
dict_values(['사토시', 2008, '비트코인', 'btc'])
```

```
list(coin.values()) # list로 바꿔야 slicing이나 indexing이 가능
```

```
['사토시', 2008, '비트코인', 'btc']
```

사전에서 for 문

```
# dictionary for문
price = {'bitcoin': 50000000 , 'etherium':4000000 , 'filecoin':25000 }
for  key  in  price :
    print (f '가상화폐 {key :)10 s }')


가상화폐    bitcoin
가상화폐 etherium
가상화폐    filecoin
```

```
for  key , value in  price.items ():
    print (f '가상화폐 {key :〈15s} 가격 {value :)14d}원')


가상화폐 bitcoin     가격    50000000원
가상화폐 etherium   가격     4000000원
가상화폐 filecoin    가격       25000원
```

7) 불형(bool)

불(bool) 자료형이란 참(True)과 거짓(False)을 나타내는 자료형이다. True나 False는 파이썬의 예약어로 true, false와 같이 사용하지 말고 첫 문자를 항상 대문자로 사용해야 한다. 따옴표로 감싸지 않은 문자열을 변수로 지정하면 변수의 자료형이 bool로 지정된다. 불 자료형은 다음 2가지 값만을 가질 수 있다. True - 참과 False - 거짓이다.

가) 불형 선언

```
type(False)
〈class 'bool'〉

type(3 〉= 1)
〈class 'bool'〉

type(True == 'True')
〈class 'bool'〉
```

```
bool ([1 ,2 ,3 ])
True

bool ([])
False
```

```
bool (0)
False

bool (3)
True
```

```
1 == 1

True
```

1 -- 1은 1괴 1이 같은가로 블 연산외 결과로 True 또는 False에 해당되는 붐 자료형을 돌려준다. 1과 1은 같으므로 True를 돌려준다.

```
2 > 1

True
```

2는 1보다 크기 때문에 2 >1 조건문은 True를 돌려준다.

```
2 < 1

False
```

2는 1보다 작지 않기 때문에 2 <1 조건문은 False를 돌려준다.

나) 불 연산
bool 내장 함수를 사용하면 자료형의 참과 거짓을 식별할 수 있다.

```
bool('python')

True
```

'python' 문자열은 빈 문자열이 아니므로 bool 연산의 결과로 불 자료형인 True 를 돌려준다.

```
bool('')

False
```

'' 문자열은 빈 문자열이므로 bool 연산의 결과로 불 자료형인 False를 돌려준다.

```
bool([1,2,3])

True

bool([])

False

bool(0)

False

bool(3)

True
```

다) 논리 연산자

&: And; |: Or; not: 부정연산 True --〉 False, False --〉 True

```
a, b = True, False
print(f'a:{a}, b:{b}')
print(f'a and b: {a and b}')
print(f'a and b: {a or b}')
print(f'not a: {not a }')

a:True, b:False
a and b: False
a and b: True
not a: False
```

```
print(f'True and True:  {True and True!s:4}') # !s 논리형 그대로 출력
print(f'True and False: {True and False!s:4}' )
print(f'False and False:{False and False!s:4}' )

True and True: True
True and False: False
False and False:False
```

```
print(f'True or True:  {True or True!s:4}') # !s 논리형 그대로 축력
print(f'True or False: {True or False!s:4}' )
print(f'False or False:{False or False!s:4}' )

True or True:  True
True or False: True
```

- 35 -

2.2. 매핑(Mapping)과 시퀀스(Sequence)

파이썬의 자료형으로는 숫자, 집합(Set), 매핑(Mapping)과 시퀀스(Sequence)로 크게 구분한다.

매핑은 키(key) 역할을 하는 데이터와 값(value) 역할을 하는 데이터를 짝 지어(= 연결 지어) 저장하는 데이터 구조를 말한다. 키는 저장된 데이터의 구별에, 값은 그 키와 연결되어 저장된 데이터를 뜻한다. 매핑과 유사 개념으로 시퀀스가 있는데, 시퀀스는 저장된 데이터를 가리킬 때 데이터의 저장 순서를 이용하나 매핑은 저장된 데이터를 가리킬 때 키를 이용한다는 차이가 있다. 사용하는 언어 에 따라 지칭하는 용어는 다르나, 일반적으로 순서가 중요한 경우에는 시퀀스 형태의 데이터를, 순서가 아닌 다른 유의미한 데이터 식별이 필요한 경우에는 매핑 형태의 데이터를 사용하는 편이다

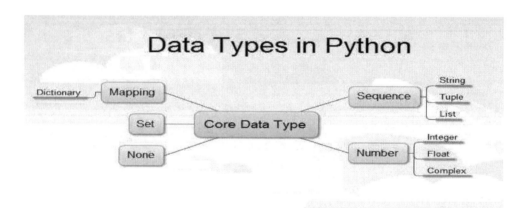

[그림 5] data types(mapping과 sequence)

1) 숫자형과 집합형

먼저 숫자형은 이미 다루었고, 불형(bool)도 여기에 포함된다. 둘째로 집합(set)이 있다. 집합(set)은 중복된 값을 갖지 않는다고 이미 앞에서 다루었다. 비어있는 집합을 선언하는 방식은 a = set()으로 한다. 비어있지 않은 경우 a= {1,2,3}의 형태로 { }을 사용한다. 이전 장을 참조 바란다. [그림 5]는 파이썬 표준 데이타 타입 계층 구조(매핑과 시퀀스)이다.

```
type (100000000)                    # 정수

<class 'int'>
```

```
type (2.8 )                 # 부동소수점수

<type 'float'>
```

```
type (3 +4j )               # 복소수

<type 'complex'>
```

가) 타입 변환

int(x,[base])는 base 진법의 수를 10진 정수형으로 변환하고, x가 문자열일 경우 파이썬 정수형으로 변환될 수 있으면 정수로 변환한다. hex(x)는 0x 접두사로 시작되어 x를 16진수로 변환한다. oct(x)는 0o 접두사로 시작되어 x를 8진수로 변환한다. bin(x)는 0b 접두사로 시작되어 x를 2진수로 변환한다. float(x)는 x를 실수형으로 변환. x가 문자열인 경우 파이썬 실수형으로 변환될 수 있으면 실수형으로 변환한다.

```
16진법(hexadecimal)      0x        0~9, a~f        0x2f
8진법(octal)            0o        0~7            0o17
2진법(binary)           0b        0, 1           0b1101
```

나) 산술 연산자

산술 연산자를 정리한 것이다.

연산자	기능	문법	설명
+	덧셈	a + b	두 값을 더함
-	뺄셈	a - b	a에서 b를 뺌
*	곱셈	a * b	두 값을 곱함
/	나눗셈	a / b	a에서 b를 나누며 결과는 실수
//	버림 나눗셈	a //b	a에서 b를 나누었을 때 몫만 구함
%	나머지	a%b	a에서 b를 나누었을 때 나머지를 구함
**	거듭제곱	a**b	a를 b번 곱함

@	행렬곱셈	a@b	행렬 a와 b를 곱함

[표 5] 산술 연산자

```
# 사칙연산 # 덧셈(+), 뺄셈(-), 곱셈(*), 나눗셈(/), 몫(//), 나머지(%), 제곱(**)
a =10
b =2
print (a +b )              # 12
print (a -b )              # 8
print (a *b )              # 20
print (a /b )              # 5.0
print (a //b )             # 5
print (a %b )              # 0
print (a **b )             # 100
```

```
y =100
y /= y    # y = y / y
print (y )                 #1.0

z =7
z *= z    # z = z * z
print (z )                 # 49
m =99999999
m -= m                     # m = m - m
print (m )                 # 0
```

다) 관계 연산자

연산자	문법	설명
〉	a〉b	큰지 비교한다.
〈	a〈b	작은지 비교한다.
〉=	a〉=b	크거나 같은지 비교한다.
〈=	a〈=b	작거나 같은지 비교한다.
==	a==b	같은지 비교한다.
!=	a!=b	같지 않은지 비교한다.

[표 6] 관계 연산자

복소수는 크기가 없으므로 대소(〉, 〈) 비교연산자는 사용할 수 없으나 "같다, 다르다"는 사용할 수 있다.

라) 논리 연산자

연산자	문법	설명
not	not a	a가 거짓이면 True이고, 아니면 False이다.
and	a and b	a가 거짓이면 a이고, 아니면 b이다.
or	a or b	a가 참이면 a이고, 아니면 b이다.

[표 7] 논리 연산자

마) 수치 연산 함수

기타 수치 연산 함수로는 다음과 같다.

abs(x)　:　x의 절대값을 구한다.

divmod(x, y)　:　(x // y, x % y)쌍을 구한다.

pow(x, y)　:　x의 y승을 구한다.

max(iterable)　:　최대값을 구한다.

min([iterable])　:　최소값을 구한다.

sum([iterable])　:　합을 계산한다.

```
# 수치 연산 함수
print (abs (-7 ))#절대값 : 7
n , m =divmod (100 ,8 )
print (n , m )#12 4


import math
print (math .ceil (5.1 ))#올림 : 6
print (math .floor (3.874 ))#내림 : 3
```

2) 매핑(Mapping)

매핑(Mapping)은 키와 자료형으로 구성된 복합 자료형이다. 파이썬에서는 딕셔너리가 유일하다. 딕셔너리(dict)는 키(key)와 값(value)의 짝으로 되어있다. 이런 것을 매핑이라 한다

```
type({'one': 1, 'two': 2, 'three': 3})

〈class 'dict'〉
```

딕셔너리 만드는 법 { }

```
{Key1 :Value1 ,Key2 :Value2 ,Key3 :Value3 ,…}
dic ={'name':'BTC','price':'50000000','founder':'Satoshi'}

# Key: 변하지 않는 값, 리스트 X
# Value : 변하는 값과 변하지 않는 값, 리스트 모두 가능
```

가) 추가와 삭제
딕셔너리 쌍 추가 : 딕셔너리 이름['Key']= 'Value'

```
dic['name']='filecoin'              # 변경
dic

dic['Nation'] ='Japan'              # Key 추가

{'Nation': 'Japan', 'founder': 'satoshi', 'name': 'BTC', 'price': '50000000'}
```

딕셔너리 요소 삭제 : Del 딕셔너리이름['key']

```
del dic['Nation']                   # key가 'Nation'인 key:value 쌍 삭제

dic

{'founder': 'satoshi', 'name': 'BTC', 'price': '50000000'}
```

Key는 고유한 값, 즉 중복되는 Key 값을 설정해 놓으면 하나를 제외한 나머지 것들이 모두 무시된다.

나) .keys .items() .clear() 함수
딕셔너리가 자체적으로 가지고 있는 관련 함수로는
Key 리스트 : 딕셔너리 이름.keys(공백)

```
dic ={'name':'BTC','price':'50000000','founder':'Satoshi'}
dic.keys( )

dict_keys(['name', 'price', 'founder'])
```

반복문 이용하면 for 문자 in 딕셔너리 이름.keys(공백)

```
for k in dic.keys( ):
...      print(k)

name
```

```
price
founder
```

Value 리스트 : 딕셔너리 이름.values(공백)

```
dic.values( )

dict_values(['BTC', '50000000', 'satoshi'])
```

Key, Value 쌍 얻기 : 딕셔너리 이름.items(공백)

```
dict.items( )

dict_items([('name', 'BTC'), ('price', '50000000'), ('founder', 'satoshi')])
```

Key: Value 쌍 모두 지우기 : 딕셔너리 이름.clear(공백)

```
dic.clear( )
dic

{}
```

dict_keys를 리스트로 변환

```
list(딕셔너리 이름.keys(공백))
list(dic.keys( ))

['name','price','founder']
```

다) get()

Key로 Value 얻기 : 딕셔너리 이름.get('key')

```
print(딕셔너리 이름.get('key'))        # 존재X:None (거짓 )
# Key 값이 없을 경우 미리 정해 둔 디폴트 값을 대신 출력

get('key','디폴트 값')
print(딕셔너리 이름.get('key'))        # 존재X:오류
```

```
dic.get ('name')

'BTC'
```

```
dic.get ('Nation')

반환 값이 없음
```

라) in 함수

해당 Key가 딕셔너리 안에 있는지 조사하기 ; 'key' in 딕셔너리 이름

```
'name' in dic

True
```

```
'email' in dic

False
```

3) 시퀀스(Sequence)

시퀀스(Sequence)는 여러 값들 사이에 순서를 셀 수 있다. 구성 원소들 사이에 순서를 매겨서 번호대로 원소를 호출할 수 있는 형태들을 묶어 시퀀스(Sequence)자료형이라 한다. 또한 Sequence는 수열의 의미이다. 파이썬에서는 시퀀스 타입이 사실상 배열의 역할을 한다.

문자열(str), 리스트(list), 튜플(tuple)이 대표적인 시퀀스 자료형이다. 문자열은 스칼라에 속하지만, 낱글자 하나하나를 원소처럼 취급할 수 있다는 점에서 일종의 문자에 한정된 컨테이너로 볼 수 있다. 따라서 낱글자에 순서를 매기고 하나씩 호출할 수 있기에 시퀀스에 속한다.

파이썬에서는 list로 사용한다. list는 Immutable(불변)과 Mutable(가변)으로 구분한다. 문자열(str), 리스트(list), 튜플(tuple), 사용자 정의 클래스[5]가 불변으로 구분된다. 의미는 선언과 동시에 메모리 상에 자리를 차지하게 되며, 이를 다른 값으로 선언하더라도 그 자리의 주소는 바뀌지 않는다는 의미이다. 컴퓨터 상에서 주소는 안바뀌지만, 우리가 보는 눈으로는 변경 가능한 것이다.

시퀀스 자료형의 공통 기능으로는 몇 가지가 있다. 먼저 Sequence 객체는 순번(index)를 통해 객체를 호출할 수 있다. 또한 시퀀스 타입은 시작하는 순서와 끝나는 순서를 가지고 일부분을 자를 수가 있다. 이를 slicing이라 한다. 스라이스 포맷은 slice(start, end, step)으로 형태로 되어 있다. start는 slicing을 시작할 순서를 입력한다. slice 된 객체는 start번째 요소를 포함한다. 기본값은 0 이다. 둘째 end는 slicing을 종료할 순서이다. slice된 객체는 end번째 요소를 포함하지 않는다. 기본값은 전체길이 값 즉, len(object)값 이다. step은 slcing할 객체가 start부터 end까지 포함할 간격을 말한다. 기본값은 1이다.

Sequence 타입은 동일한 타입인 경우에 +을 통해서 합칠 수 있고, * 연산을 통해서 지정한 숫자만큼 반복할 수 있다. count란 명령어로 해당 객체와 동일한 값이 몇

---

5) 뒤에서 설명한다.

개 있는지 확인도 가능하다. range란 객체 또한 Sequence 객체를 나타낼 수 있다.

시퀀스에는 문자열(str), 리스트(list), 튜플(tuple), 사용자 정의 클래스가 시퀀스에 속한다.

```
type("Love your Enemies, for they tell you your Faults.")

⟨class 'str'⟩
```

```
type(['love', 'enemy', 'fault'])

⟨class 'list'⟩
```

```
type(('love', 'enemy', 'fault'))

⟨class 'tuple'⟩
```

```
slice(끝인덱스)
slice(시작인덱스, 끝인덱스)
slice(시작인덱스, 끝인덱스, 인덱스증가폭)
```

```
range(10)[4 :7 :2 ]
range(4 ,7 ,2 )
range(10)[slice (4 ,7 ,2 )]
range(4 ,7 ,2 )
```

```
a =[0 ,10 ,20 ,30 ,40 ,50 ,60 ,70 ,80 ,90 ]
s =slice (4,7 )              # 인덱스 4부터 6까지 자르는 slice 객체 생성
a[s]

[40 ,50 ,60 ]
```

```
r=range (10 )
r[s]

range (4 ,7 )
```

또한 for 문에서 사용할 수 있는 것들이 시퀀스이다. 문자열이 시퀀스에 속하고, 여러 개의 문자를 한 줄로 세운 것에 해당한다.

인덱스 증가폭

```
a=[0 ,10 ,20 ,30 ,40 ,50 ,60 ,70 ,80 ,90 ]
a[2:8:3]                    # 인덱스 2부터 3씩 증가시키면서 인덱스 7까지 가져옴
```

[20 ,50]

인덱스 생략
a= [10 ,20 ,30 ,40 ,50 ,60 ,70 ,80 ,90]
a[:7]

[10 ,20 ,30 ,40 ,50 ,60 ,70]

a [7:]

[80 ,90]

a[:] 시작 인덱스와 끝 인덱스 둘다 생략하면 리스트 전체를 가져온다.
a[:]

[10 ,20 ,30 ,40 ,50 ,60 ,70 ,80 ,90]

a [::2]   # 리스트 전체에서 인덱스 0부터 2씩 증가시키면서 요소를 가져옴
[10 ,30 ,50 ,70 ,90]

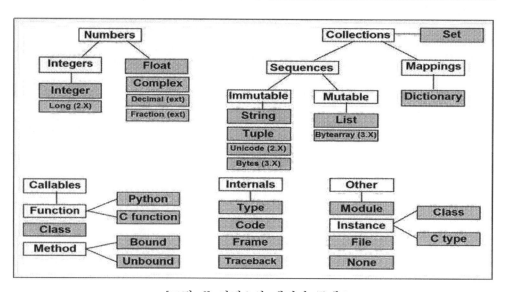

[그림 6] 시퀀스와 매핑과 클래스

가) in, not in
먼저 특정 값이 있는지 확인할 수 있다. in, not in 으로 확인 가능하다.
a =list (range (10))
a

```
[0 ,1 ,2 ,3 ,4 ,5 ,6 ,7 ,8 ,9 ]
```

```
10 not in a

True
```

 in 이라는 것을 사용하면 특정한 값이 시퀀스 자료형안에 있는지 확인할 수 있다.
리턴값은 불로 True나 False로 나온다.

```
'p' in 'python'

True
```

나) + 연산자 사용
시퀀스 객체는 + 연산자를 사용하여 객체를 연결할 수 있다.

```
a =1 ,2 ,3
b =[4 ,5 ,6 ]
a + b                          # 튜플 + 리스트

Traceback (most recent call last ):
  File "<stdin>", line 1 ,in <module >
TypeError : can only concatenate tuple (not "list") to tuple
```

```
a + a

(1 ,2 ,3 ,1 ,2 ,3 )
```

```
b + b                          # 같은 자료형

[4 ,5 ,6 ,4 ,5 ,6 ]
```

```
list (range (0 ,10 ))+list (range (10 ,20 ))

[0 ,1 ,2 ,3 ,4 ,5 ,6 ,7 ,8 ,9 ,10 ,11 ,12 ,13 ,14 ,15 ,16 ,17 ,18 ,19 ]
```

```
tuple (range (0 ,10 ))+tuple (range (10 ,20 ))

(0 ,1 ,2 ,3 ,4 ,5 ,6 ,7 ,8 ,9 ,10 ,11 ,12 ,13 ,14 ,15 ,16 ,17 ,18 ,19 )
```

 문자열 + 숫자은 불가능하지만, 숫자를 문자열로 바꿔주면 된다.

```
'hello' + str(5)                              #str로 형변환

'hello5'
```

시퀀스 객체는 반복할 수 있다.
```
a =[1 ,2 ,3 ]
a *3

[1 ,2 ,3 ,1 ,2 ,3 ,1 ,2 ,3 ]
```

곱한 만큼 반복된 시퀀스가 나온다. 음수나 0을 곱하면 빈 문자열이 나오고 실수를 곱할 수는 없다.
```
range (0 ,5 ,2 )*3

Traceback (most recent call last ):
  File "〈pyshell#3〉", line 1 ,in 〈module 〉
    range (0 ,5 ,2 )*3
TypeError : unsupported operand type (s )for *:'range'and 'int'
```

다) 리스트와 튜플 변환
다른 성분은 같은 성분인 리스트나 튜플로 바꿔주면 사용이 가능하다.
```
list (range (0,5,2))*3

[0 ,2 ,4 ,0 ,2 ,4 ,0 ,2 ,4 ]
```

```
tuple (range (0,5,2))*3

(0 ,2 ,4 ,0 ,2 ,4 ,0 ,2 ,4 )
```

```
'Hello, '*3

'Hello, Hello, Hello, '
```

요소의 개수를 구할 수 있다.
```
a =[10 ,20 ,30 ,40 ,50 ]
len (a )

5
len (range (0 ,10 ,2 ))
5
```

```
hello ='Hello, world!' # 문자열 길이
len (hello)


13
```

```
hello ='안녕하세요' #문자열 길이
len (hello.encode ('utf-8'))


15
```

라) 인덱스와 슬라이스

슬라이스는 말 그대로 무언가 일부를 잘라낸다는 뜻이다. [ ] 안에 시작 인덱스와
끝 인덱스를 지정하면 해당 범위의 요소들을 가져온다. 끝 인덱스 요소는 포함되지
않는다는 것이다. 따라서 끝 인덱스를 실제로 가져오려면 인덱스보다 1을 더 크게 지
정해줘야 한다.

```
a= [10 ,20 ,30 ,40 ,50 ]
a[0:3]

[10, 20, 30 ]
```

따라서 예를 들어 요소가 10개 있는 리스트를 처음부터 끝까지 가져오기 위해서는
[0:9]가 아니라 [0:10]으로 슬라이스를 해야 전부 가져올 수 있다.
리스트에 인덱싱을 하면,

```
a =[38 ,21 ,53 ,62 ,19 ]
a [0]                    # 리스트의 첫 번째(인덱스 0) 요소 출력

38
```

```
a [2]                    # 리스트의 세 번째(인덱스 2) 요소 출력

53
```

```
a [4]                    # 리스트의 다섯 번째(인덱스 4) 요소 출력

19
```

튜플
```
b =(38 ,21 ,53 ,62 ,19 )
b [0]                    # 튜플의 첫 번째(인덱스 0) 요소 출력

38
```

range

```
r =range (0 ,10 ,2 )
r [2]                           # range의 세 번째(인덱스 2) 요소 출력

4
```

문자열을 인덱싱하면.

```
hello ='Hello, world!'
hello [7]                       # 문자열의 여덟 번째(인덱스 7) 요소 출력

'w'
```

음수 인덱스

```
a =[38 ,21 ,53 ,62 ,19 ]
a [-1]                          # 리스트의 뒤에서 첫 번째(인덱스 -1) 요소 출력

19
```

```
a [-5]                          # 리스트의 뒤에서 다섯 번째(인덱스 -5) 요소 출력
38
```

슬라이즈 음수 증가폭

```
a= [10 ,20 ,30 ,40 ,50 ,60 ,70 ,80 ,90 ]
a [5 :1 :-1 ]

[60 ,50 ,40 ,30 ]
```

```
a [5 :1 :-2 ]

[60 ,40 ]
```

시작 인덱스부터 끝 인덱스까지 감소폭 만큼 감소하면서 가져오는데 끝 인덱스는 포함되지 않고 가져온다. 여기서 주의할 점은 인덱스가 감소하므로 끝 인덱스보다 시작 인덱스가 더 커야 한다는 점이다.

```
a =[10 ,20 ,30 ,40 ,50 ]
a [len(a)-1 ]                   # len(a)=5-1=4

50
```

요소에 값 할당하기

```
a =[0 ,0 ,0 ,0 ,0 ]             # 0이 5개 들어있는 리스트
```

```
a [0]=38
a [1]=21
a [2]=53
a [3]=62
a [4]=19
a

[38 ,21 ,53 ,62 ,19 ]
```

```
>>> a [0]

38
```

```
>>> a [4]

19
```

리스트는 값을 다시 할당할 수 있다. 그러나 튜플은 수정이 불가능하다. 따라서 튜플의 값을 바꾸려고 하면 오류가 발생한다.

```
a=[38 ,21 ,53 ,62 ,19 ]
del a[2]
a

[38 ,21 ,62 ,19 ]
```

```
len (a)

4
```

```
a

[38, 21, 62, 19]
```

```
a=[10 ,20 ,30 ,40 ,50 ]
a[1:1]                    # 인덱스 1부터 0까지 잘라서 새 리스트를 만듦

[]
```

```
a[1:2]                    # 인덱스 1부터 1까지 잘라서 새 리스트를 만듦

[20]
```

[1:1] 는 아무것도 못 가져오고 [1:2] 는 인덱스 1 번의 요소만 가져오게 된다.

음수 인덱스 활용

```
a =[10 ,20 ,30 ,40 ,50 ,60 ,70 ,80 ,90 ]
a [6:-1]

[70 ,80 ]
```

[6:-1] 이면 6번 인덱스부터 -1번 인덱스까지(포함x) 이기 때문에 실제로 가져오는 요소는 6번 인덱스부터 -2번 인덱스 까지 가져오는 것이다.

```
a =[0 ,10 ,20 ,30 ,40 ,50 ,60 ,70 ,80 ,90 ]
a[2:5]=['a','b','c']        # 인덱스 2부터 4까지 값 할당
a

[0 ,10 ,'a','b','c',50 ,60 ,70 ,80 ,90 ]
```

```
a =[0 ,10 ,20 ,30 ,40 ,50 ,60 ,70 ,80 ,90 ]
a[2:5 ]=['a']        # 인덱스 2부터 4까지에 값 1개를 할당하여 요소의 개수가 줄어듦
a

[0 ,10 ,'a', 50 ,60 ,70 ,80 ,90 ]
```

요소의 개수를 맞춰서 바꿔줬는데 요소의 개수를 맞춰주지 않아도 된다. 만약 할당된 요소의 개수가 적으면 그만큼 리스트의 요소의 개수도 줄어든다.

```
a =[0 ,10 ,20 ,30 ,40 ,50 ,60 ,70 ,80 ,90 ]
a [2 :8 :2 ]=['a','b','c']  # 인덱스 2부터 2씩 증가시키면서 인덱스 7까지 값 할당
a

[0 ,10 ,'a',30 ,'b',50 ,'c',70 ,80 ,90 ]
```

문자열 슬라이싱에서 문자열 인덱스를 이용해 문자열의 일부를 복사할 수 있다.

```
p = 'Python'
p[0:2]

'Py'
```

시작 인덱스가 0일 때는 : 앞의 0을 생략한다.

```
p[:2]

'Py'
```

```
indexing ="Life is too short, You need Python" # 문자열 인덱싱
print (indexing[3])

e                                # 0번부터 시작, 3은 4번째 자리
```

```
print (indexing [-1 ])

n                                # -1은 뒤에서부터 시작해 1번째
```

음수 인덱스를 사용하면 문자열의 뒷부분을 복사한다.

```
p[-2:]

'on'
```

: 앞뒤 숫자를 모두 생략하면 문자열 전부를 복사한다.

```
p[:]

'Python'
```

역순으로 복사할 수 있다.

```
p[::-1]

'nohtyP'
```

```
slicing ="Life is too short, You need Python" # 문자열 슬라이싱
print (slicing [0 :4 ])

Life                             # [x:y] x부터 y전까지 문자열을 뽑아옴
```

```
print (slicing [:])

Life is too short, You need Python
```

```
print (slicing [:4 ])

Life
```

```
print (slicing [18 :])

You need Python
```

```
print (slicing [-1 :7 ])
```

파이썬의 문자열은 총 4가지가 있고, 주로 인공지능에는 숫자형이 중요하고, 문자열은 상대적으로 잘 다루지 않는다. 그러므로 결국 문자열을 숫자로 전환하여 사용한다.

```
# 문자열 길이 구하기 : len()
getlength ='python is cool'
print (len(getlength ))

14
```

len 응용하기

```
a=[0 ,10 ,20 ,30 ,40 ,50 ,60 ,70 ,80 ,90]
a[0:len(a)] # 시작 인덱스에 0, 끝 인덱스에 len(a) 지정하여 리스트 전체를 가져옴

[0 ,10 ,20 ,30 ,40 ,50 ,60 ,70 ,80 ,90 ]
```

```
a[:len(a)] # 시작 인덱스 생략, 끝 인덱스에 len(a) 지정하여 리스트 전체를 가져옴

[0 ,10 ,20 ,30 ,40 ,50 ,60 ,70 ,80 ,90 ]
```

리스트 a 요소는 10개이다. 따라서 len(a)는 10이고 a[0:10]과 같다. 끝 인덱스를 10으로 지정했는데 끝 인덱스는 포함하지 않고 0부터 9인덱스까지 출력한다.

del 로 슬라이스 삭제하기

```
a =[0 ,10 ,20 ,30 ,40 ,50 ,60 ,70 ,80 ,90 ]
del a [2 :5 ] # 인덱스 2부터 4까지 요소를 삭제
a

[0 ,10 ,50 ,60 ,70 ,80 ,90 ]
```

마) .count(), .find(), .join(), .replace(), .split()
문자 갯수 세기(count)

```
count_str ="lalalalalballlballballballlllblblblblaaaa"
print (count_str .count ("l"))

20                          # count_str 중 l의 갯수를 가져옴
```

위치 알려주기(find)

```
find_str ="python!"
print (find_str .find ("!"))

6                              # !표가 6번째 자리에 위치함

print (find_str .find ("a"))

-1                             # a가 find_str안에 없음
```

문자열 삽입(join)

```
join_str ="python"
join_str ="python"
print (".".join (join_str ))

p.y.t.h.o.n

print ("-".join (join_str ))

p-y-t-h-o-n
```

문자열 바꾸기(replace)

```
a ="Life is too short"
print (a .replace ("short","long"))

Life is too long
```

문자열 나누기(split)은 ()안에 있는 문자열을 기준으로 해서 문자열을 나눈 후 나눠진 값을 리스트 넣어준다.

```
a ="Life is too short"
print (a .split ())

['Life', 'is', 'too', 'short']
```

```
b ="a:b:c:d"
print (b .split (":"))

['a', 'b', 'c', 'd']
```

바) .upper(), .lower(), .strip()

소문자를 대문자로 바꾸기(upper)

```
a ="hi"
```

```
print (a .upper ())# HI
```

대문자를 소문자로 바꾸기(lower)
```
a ="PYTHON"
print (a .lower ())

python
```

공백지우기는 양쪽 공백 지우기(strip) / 왼쪽 공백 지우기(lstrip) / 오른쪽 공백
지우기(rstrip)
```
a ="    hi    "
print (a .strip ())

hi
```

4) 컨테이너(Container)

컨테이너는 하나의 변수에 여러 개의 값을 담는다. 여러 개의 자료를 원소로 묶어
하나의 변수에 담는 형태의 자료형들을 컨테이너(Container) 자료형이라고 한다. 컨
테이너의 종류에는 문자열(str), 리스트(list), 튜플(tuple), 집합(set)과 딕셔너리
(dictionary) 등이 있다.[6]

	자료형	저장 모델	변경 가능성	접근 방법
수치형	int, float, complex	Literal		Direct
문자열	str		Immutable	
튜플	tuple			Sequence
리스트	list	Container		
사전	dict		Mutable	Mapping
집합	set			Set

[그림 7] Literal과 컨테이너

[그림 7]과 같이 수치형은 저장모델에서는 literal, 변경가능성 여부에서는
immutable이고, 접근방식에서는 direct 형에 해당한다. 저장 모델에 따른 분류에서
컨테이너에는 문자열(str), 튜플(tuple), 리스트(list), 딕셔너리(dictionary)와 세트(set)

---

6) https://learning-python.com/class/Workbook/unit03.htm

로 구성된다.

파이썬의 하나의 객체는 여러 타입을 가질 수 있다. 하지만 type 함수로는 Container 객체를 알 수 없다. Container 타입은 특정 속성이 구현되어 있는 클래스를 말하기 때문이다. 객체를 만드는데 직접적으로 관여하지 않았지만, 특정 기능이 구현되어 있는 객체를 Container 객체라 한다.

가) 리스트, 튜플, 집합, 딕셔너리

리스트(list)는 다수의 자료 값을 콤마(,)로 구분해 꺾은 괄호 [ ] 로 묶어서 배열 형태로 만든 자료형이다. 리스트 안에 담긴 원소들 간에 순서가 있어서 0, 1, 2, …의 인덱스를 붙여 각 원소를 호출할 수 있다. 원소의 내용을 변경할 수 있다.

```
a = ['삼성전자', 40000 ,True ]
type (a )

list
```

```
a =[38 ,21 ,53 ,62 ,19 ]
a [0]      # 리스트의 첫 번째(인덱스 0) 요소 출력

38
```

튜플(tuple)은 리스트와 달리 꺾은 괄호가 아닌 둥근 괄호 ( )를 사용한다. 원소들 간에 순서가 있고 인덱스로 호출할 수 있는 등 리스트와 성질이 거의 유사하다. 변수를 한번 생성하면 원소의 내용을 변경할 수 없다는 점에서 리스트와 구별된다.

```
b = (None, [1,2], 3, 3, 3)
type (b )

tuple
```

집합(set)은 물결모양 괄호 '{ }'를 사용한다. 원소들 간에 순서가 없고, 중복 불가능하기 때문에 생성 시 중복 원소는 제거된다.

```
c = {1 , 2 , 5 }
type (c )

set
```

딕셔너리(dictionary)는 집합 자료형과 형태가 거의 유사하다. 물결모양 괄호, 원소

간 순서없음, 중복 불가로 각 원소마다 키(key)가 부여되어 키를 통해 원소를 호출할 수 있다.

```
d = {'삼성전자' : 60000 , 'Naver' : 200000 ,'현대차': 180000 }
type (d )

dict
```

2.3. data type

[그림 8]은 스칼라, 벡터, 매트릭스와 텐서의 정의, 기호와 예를 보여주고 있다. 기본적인 형태를 파악할 수 있으면 될 듯 하다.

Type	Scalar	Vector	Matrix	Tensor
Definition	a single number	an array of numbers	2-D array of numbers	k-D array of numbers
Notation	x	$x = \begin{bmatrix} x_1 \\ x_2 \\ \vdots \\ x_n \end{bmatrix}$	$X = \begin{bmatrix} X_{1,1} & X_{1,2} & \cdots & X_{1,n} \\ X_{2,1} & X_{2,2} & \cdots & X_{2,n} \\ \vdots & \vdots & \vdots & \vdots \\ X_{m,1} & X_{m,2} & \cdots & X_{m,n} \end{bmatrix}$	$\mathbf{X}$ $X_{i,j,k}$
Example	1.333	$x = \begin{bmatrix} 1 \\ 2 \\ \vdots \\ 9 \end{bmatrix}$	$X = \begin{bmatrix} 1 & 2 & \cdots & 4 \\ 5 & 6 & \cdots & 8 \\ \vdots & \vdots & \vdots & \vdots \\ 13 & 14 & \cdots & 16 \end{bmatrix}$	$x = \begin{bmatrix} 1 & 2 & 3 \\ 4 & 5 & 6 \\ 7 & 8 & 9 \end{bmatrix} \begin{bmatrix} 10 & 20 & 30 \\ 40 & 50 & 60 \\ 70 & 80 & 90 \end{bmatrix} \begin{bmatrix} 100 & 200 & 300 \\ 400 & 500 & 600 \\ 700 & 800 & 900 \end{bmatrix}$
Python code example	x = np.array(1.333)	x = np.array([1,2,3, 4,5,6, 7,8,9])	x = np.array([[1,2,3,4], [5,6,7,8], [9,10,11,12], [13,14,15,16]])	x = np.array([[[1, 2, 3], [4, 5, 6], [7, 8, 9]], [[10, 20, 30], [40, 50, 60], [70, 80, 90]], [[100, 200, 300], [400, 500, 600], [700, 800, 900]]])
Visualization				3-D Tensor

[그림 8] 스칼라, 벡터, 행렬과 텐서

1) 스칼라, 벡터, 행렬과 텐서

스칼라와 벡터는 물리적 현상을 양적으로 표현하는 방법이다. 스칼라는 수치값만으로 표시할 수 있는 양이고, 넓이, 시간, 온도 등을 말한다. 스칼라는 0D Tensor에 해당한다. 스칼라가 크기만을 나타내는 물리량이고, 벡터는 크기와 동시에 방향을 갖는 물리량으로서 변위, 속도, 가속도, 힘 등을 말한다. 벡터 변수는 한 개의 숫자로 이뤄진 변수인 스칼라와는 다르다. Vector는 1D Tensor로 표현한다.

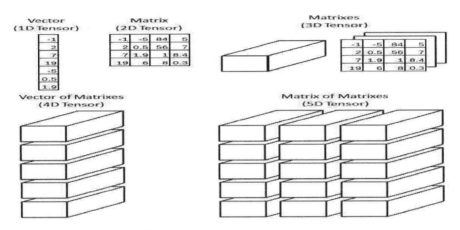

[그림 9] Scalar Vector Matrix Tensor

스칼라는 하나의 숫자를 의미한다. [그림 3]과 같이 벡터는 숫자(스칼라)의 배열이다[7]. 행렬은 2차원의 배열이다. 텐서는 2차원 이상의 배열이다. 보통 표현으로 스칼라는 소문자의 이탤릭체를 n 을 사용하고, 벡터는 소문자의 강조 이탤릭체 v 를 사용한다. 행렬은 대문자의 강조 이탤릭체 X 를 사용한다.

벡터 표현은 np.array를 사용한다.

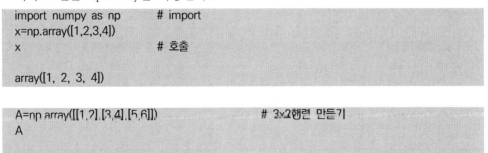

```
import numpy as np      # import
x=np.array([1,2,3,4])
x                       # 호출

array([1, 2, 3, 4])
```

```
A=np.array([[1,2],[3,4],[5,6]])      # 3×2행렬 만들기
A

array([[1, 2],
```

---

7) https://towardsdatascience.com/deep-learning-introduction-to-tensors-tensorflow-36ce3663528f

```
           [3, 4],
           [5, 6]])


A .shape                  # 형태 확인. shape attribute 사용

(3,2)                     # 3x2 행렬


x .shape

(4, )                     # 1차원 배열인 벡터


len(x)                    # len 기본 함수 길이 확인

4
```

[그림 10] 전치행렬(Transpose)

```
A =np .array ([1 ,2 ],[3 ,4 ],[5 ,6 ])  # 3x2 matrix 전치행렬
A

array([[1, 2],
       [3, 4],
       [5, 6]])

A_t =A.T                  # can traspose easily by using attribute T
A_t

array([[1, 3, 5],
       [2, 4, 6]])

print (A.shape )
print (A_t.shape )

(3, 2)
(2, 3)
```

2) 스칼라(Scalar)와 벡터(Vector)

스칼라는 하나의 변수에 하나의 값을 담는다. 여기에는 한 변수에 숫자나 참/거짓

등 하나의 값을 담는 자료형들을 묶어 스칼라(Scalar) 자료형이라 한다. 스칼라의 종류에는 정수(int), 실수 또는 부동소수점(float), 문자열(str), 값 없음(None)과 불리언(bool) 등이 있다.

```
d =None
e=(3 >2 )
f =False
print (d, type (d))
print (e, type (e))
print (f, type (f))

None <class 'NoneType'>
True <class 'bool'>
False <class 'bool'>
```

머신 러닝 등의 복잡한 모델 내의 연산은 행렬 연산을 통해 처리한다. 행렬 연산이란 단순히 2차원 배열을 통한 행렬 연산과 머신 러닝의 입, 출력이 복잡해지면 3차원 텐서를 사용한다. Numpy를 사용하여 텐서를 설명한다.

```
import numpy as np
```

0차원 텐서를 스칼라로 부를 수 있다. 즉 스칼라는 하나의 실수 값으로 이루어진 데이터로, 0차원 텐서라 한다. 차원을 Dimension이라고 하며, 이를 0D 텐서라고 한다.

```
d = np.array(5)
print('텐서의 차원 :', d.ndim)
print('텐서의 크기(shape) :', d.shape)

텐서의 차원 : 0
텐서의 크기(shape) : ()
```

Numpy의 ndim의 출력 값이 축(axis)의 개수 또는 텐서의 차원이다.

1차원 텐서는 벡터로 불린다. 즉 숫자를 배열을 벡터라 한다. 벡터는 1차원 텐서이다. 벡터도 차원이라는 용어를 사용한다. 벡터의 차원과 텐서의 차원은 다른 개념이다. 4차원 벡터이지만, 1차원 텐서이다. 1D 텐서이라 한다

```
d = np.array([1, 2, 3, 4])
print('텐서의 차원 :', d.ndim)
print('텐서의 크기(shape) :', d.shape)
```

```
텐서의 차원 : 1
텐서의 크기(shape) : (4,)
```

벡터의 차원은 하나의 축에 놓인 원소의 개수를 의미하고, 텐서의 차원은 축의 개수를 의미한다.

3) 행렬과 텐서

2차원 텐서를 행렬이라고 한다. 행렬에는 행과 열이 존재한다. 즉 행과 열이 존재하는 벡터의 배열을 행렬(matrix)이라 하고, 이를 2차원 텐서라고 한다. 2D 텐서라 한다.

```
d = np.array([[1, 2, 3, 4], [5, 6, 7, 8], [9, 10, 11, 12]])#  3행 4열의 행렬
print('텐서의 차원 :', d.ndim)
print('텐서의 크기(shape) :', d.shape)

텐서의 차원 : 2
텐서의 크기(shape) : (3, 4)
```

텐서의 크기(shape)는 각 축을 따라서 얼마나 많은 차원이 있는지를 나타낸다. 텐서의 크기는 3개의 커다란 데이터가 있고, 그 각각의 커다란 데이터는 작은 데이터 4개로 이루어졌다고 생각하면 된다.

3차원 텐서를 다차원 배열이라고 한다. 즉 행렬 또는 2차원 텐서를 단위로 한 번 더 배열하면 3차원 텐서라 한다. 3D 텐서라고 한다. 0차원 ~ 2차원 텐서는 스칼라, 벡터, 행렬이고, 3차원 이상의 텐서부터 본격적으로 텐서라 한다. 데이터 사이언스 분야에서는 주로 3차원 이상의 배열을 텐서라고 부른다. 3D 텐서는 3차원 배열로, 이런 3차원 텐서의 구조를 이해하지 못하면, 복잡한 머신 러닝과 인공 신경망의 입, 출력값을 이해하는 것이 어렵게 된다.

```
d = np.array([
            [[1, 2, 3, 4, 5], [6, 7, 8, 9, 10], [10, 11, 12, 13, 14]],
            [[15, 16, 17, 18, 19], [19, 20, 21, 22, 23], [23, 24, 25, 26, 27]]
            ])
print('텐서의 차원 :',d.ndim)
print('텐서의 크기(shape) :',d.shape)

텐서의 차원 : 3
```

텐서의 크기(shape) : (2, 3, 5)

3D 텐서는 시퀀스 데이터(sequence data)를 표현할 때 자주 사용된다. 시퀀스 데이터는 단어의 시퀀스를 의미하며, 시퀀스는 문장이나 문서, 뉴스 기사 등의 텍스트가 될 수 있다.

3. 기본 명령어와 단축키

[그림 11]은 파이선의 기본 명령어에 해당한다. 이전에서 설명한 부분도 다수 존재한다8).

Built-in Functions				
abs()	divmod()	input()	open()	staticmethod()
all()	enumerate()	int()	ord()	str()
any()	eval()	isinstance()	pow()	sum()
basestring()	execfile()	issubclass()	print()	super()
bin()	file()	iter()	property()	tuple()
bool()	filter()	len()	range()	type()
bytearray()	float()	list()	raw_input()	unichr()
callable()	format()	locals()	reduce()	unicode()
chr()	frozenset()	long()	reload()	vars()
classmethod()	getattr()	map()	repr()	xrange()
cmp()	globals()	max()	reversed()	zip()
compile()	hasattr()	memoryview()	round()	__import__()
complex()	hash()	min()	set()	
delattr()	help()	next()	setattr()	
dict()	hex()	object()	slice()	
dir()	id()	oct()	sorted()	

[그림 11] Python 내장 명령어

이미 상당수의 명령어는 이미 학습하였다. 예를들면, abs(), bin(), bool(), chr(), compile(), complex(), dict(), dir(), enumerate(), eval(), help(), hex(), id(), input(), int(), len(), list(), max(), min(), open(), print(), range(), set(), slice(), str(), sum(), tuple(), type() 등등은 이미 한번씩 사용하였다.

다음의 명령어 등은 차후에 사용하게 된다. all(), any(), basestring(), bytearray(), callable(), classmethod(), cmp(), delattr(), divmod(), execfile(), file(), filter(), float(), format(), frozenset(),   globals(), hasattr(), hash(), isinstance(), issubclass(), iter(), locals(), long(), map(), memoryview(), next(), object(), oct(), ord(), pow(), property(), raw_input(), reduce(), reload(), repr(), reversed(), round(), sorted(), staticmethod(),   super(), unichr(), unicode(), vars(), xrange(), zip(), __import__()

---

8) https://s4scoding.com/caesar-cipher-python-code/python-built-in-functions/

3.1. print()

화면에 출력하라는 명령어

```
print('Hello World!')

Hello World!
```

```
print("Hello World!") # 작은 따옴표, 큰 따옴표 모두 가능

Hello World!
```

```
print(Hello World) → 작은 따옴표나 큰 따옴표로 닫지 않으면 혹은 섞어쓰면, 아래와 같은 Syntax
Error 발생
```

[그림 12] SyntaxError

```
# end 디폴트 옵션 덕분에 자동으로 개행
print("==============================")
print('a')
print()
print('Blockchain Bitcoin UP!!')
print('b')
print('c')

# sep 디폴트 옵션 덕분에 공백 구분
print("==============================")
print('a', 'b', 'c', 'd', 'e', 'f', 'g')

==============================
a

Blockchain Bitcoin UP!!
b
c
==============================
a b c d e f g
```

여러 줄 출력하기

여러 줄을 출력은 """〈출력하고 싶은 글〉""" 또는 '''〈출력하고 싶은 글〉'''을 사용하여 출력한다.

[그림 13] 여러줄 출력

3.2. input( )

사용자로부터 값을 입력받아 출력한다. 인자값(Argument)을 최저시급 Minimum_wage에 할당하고, 그 할당 받은 값을 출력한다.

```
a = input() # a의 값을 입력하는 함수
```

```
b = input('값을 입력하세요 : ')   # b 값을 입력할때 문장을 같이 출력 한다.
값을 입력하세요 :
```

```
i = 0
while i < 3:
    a = input("사용자 입력 : ")
    print(f '{i + 1}번째 입력 : {a}')
    i += 1

사용자 입력: 123
1번째 입력:123
사용자 입력: 345
2번째 입력:345

사용자 입력:
```

3.3. Colab 단축키

구글 코랩은 구글 클라우드에서 실행되는 무료 파이썬 주피터 노트북이다. 초보자에겐 무료로 파이썬을 체험해볼 수 있는 최적의 환경이다. 구글 코랩 쥬피터 노트 사용한다. 생산성을 높히기 위한 일반적인 Jupyter notebook 단축키를 보면 다음과 같다.

[실행 관련 단축키]

1. Ctrl + Enter = 해당 셀을 실행하고 커서를 해당 셀에 두는 경우 (결과 값만 보고자 할 때)

2. Shift + Enter = 해당 셀을 실행하고 커서를 다음 셀로 넘기는 경우 (여러가지 값을 빠르게 출력할 때)

3. Alt + Enter = 해당 셀을 실행하고 셀을 삽입한 후 커서를 삽입한 셀로 넘기는 경우 (다음 작업 공간이 없을 때)

[셀 삽입/삭제 관련 단축키]

Ctrl + M A = 코드 셀 위에 삽입

Ctrl + M B = 코드 셀 아래 삽입

Ctrl + M D = 셀 지우기

Ctrl + M Y = 코드 셀로 변경

Ctrl + M M = 마크다운 셀로 변경

Ctrl + M Z = 실행 취소

(*MAC을 사용하는 경우 Ctrl 대신 Command)

기본적인 단축키는 반드시 외워야 한다. 도저히 기억이 나지 않는다면, Ctrl + M H = 단축키 모음을 열어서 확인할 수 있고, 직접 설정까지 가능하다.

3.4. Help() 함수

파이썬에서는 여러 함수를 기본적으로 제공한다. 파이썬에는 기본제공함수(Built-in 함수)가 있다. 이런 함수들은 언제 어디서나 사용(call)할 수 있다.

먼저 help() 함수를 사용해보면, abs()함수는 절대값 변환 함수이다.

help function

```
help(abs)
Help on built-in function abs in module builtins:
abc(x, /)
    Return the absolute value of the argument.
```

예를 들어 절대값 함수 연산자를 사용하여 실행을 하자. 변수 a에 -10을 할당하면 양수로 출력해 반환한다.

```
abs(-10)
```

```
10
```

map 함수는 두 개의 인자값을 map 함수로 받으며, 형태는 숫자형인 int를 사용한다.

```
help(map)
```

```
Help on class map in module builtins:
class map(object)
 |  map(func, *iterables) --> map object
 |  Make an iterator that computes the function using arguments from
 |  each of the iterables.  Stops when the shortest iterable is exhausted.
 |  Methods defined here:
 |  __getattribute__(self, name, /)
 |      Return getattr(self, name).
 |  __iter__(self, /)
 |      Implement iter(self).
 |  __next__(self, /)
 |      Implement next(self).
 |  __reduce__(...)
 |      Return state information for pickling.
 ------------------------------------------------------------------------
 |  Static methods defined here:
 |  __new__(*args, **kwargs) from builtins.type
 |      Create and return a new object.  See help(type) for accurate signature.
```

map(변환 함수, 순회 가능한 데이터)

map() 함수는 두 번째 인자로 넘어온 데이터가 담고 있는 모든 데이터에 변환 함수를 적용하여 다른 형태의 데이터를 반환합니다.

```
users = [{'mail': 'gregorythomas@gmail.com', 'name': 'Brett Holland', 'sex': 'M'}, {'mail':
'hintoncynthia@hotmail.com', 'name': 'Madison Martinez', 'sex': 'F'},
...   {'mail': 'wwagner@gmail.com', 'name': 'Michael Jenkins', 'sex': 'M'},
...   {'mail': 'daniel79@gmail.com', 'name': 'Karen Rodriguez', 'sex': 'F'},
...   {'mail': 'ujackson@gmail.com', 'name': 'Amber Rhodes', 'sex': 'F'}]
```

```
print(users)
[{'mail': 'gregorythomas@gmail.com', 'name': 'Brett Holland', 'sex': 'M'},
 {'mail': 'hintoncynthia@hotmail.com', 'name': 'Madison Martinez', 'sex': 'F'},
 {'mail': 'wwagner@gmail.com', 'name': 'Michael Jenkins', 'sex': 'M'},
 {'mail': 'daniel79@gmail.com', 'name': 'Karen Rodriguez', 'sex': 'F'},
```

```
{'mail': 'ujackson@gmail.com', 'name': 'Amber Rhodes', 'sex': 'F'}]
```

```
def conver_to_name(user):
    first, last = user["name"].split()
    return {"first": first, "last": last}
```

```
for name in map(conver_to_name, users):
    print(name) # 모든 유저의 이름(first)과 성(last)이 출력된다.
```

```
{'first': 'Brett', 'last': 'Holland'}
{'first': 'Madison', 'last': 'Martinez'}
{'first': 'Michael', 'last': 'Jenkins'}
{'first': 'Karen', 'last': 'Rodriguez'}
{'first': 'Amber', 'last': 'Rhodes'}
```

3.5. lambda 함수 필터링

변환 함수의 코드가 긴 경우에는 위와 같이 함수를 선언하지만, 짧은 경우에는 람다 함수를 사용하면 더욱 간단 명료한 코드를 짤 수 있다

```
for mail in map(lambda u: "남" if u["sex"] == "M" else "여", users):
    print(mail)
남
여
남
여
여
```

예를 들어, 유저 list를 이메일 list로 변환하는 map() 함수의 결과는 다음과 같이 출력된다.

```
map(lambda u: u["mail"], users)
〈map object at 0x1113979a0〉
```

map() 함수의 결과값을 list로 변환하는 가장 쉬운 방법은 list() 내장 함수를 사용하는 것입니다

3.6. copy()

copy 모듈을 사용하여 복사하는 방법이다. 단순히 copy 함수를 사용해 보자.

```
from copy import copy
a = [1, 2, 3]
```

```
b=copy(a)
```

위 예에서 b=copy(a)는 b=a[:]과 동일하다.

리스트 자료형의 자체 함수인 copy 함수를 사용해도 copy 모듈을 사용하는 것과 동일하다.
```
a = [1, 2, 3]
b = a.copy()
```

리스트 전체를 가리키는 [:]을 사용해서 복사할 수노 있다.
```
a = [1, 2, 3]
b = a[:]
a[1] = 4
a

[1, 4, 3]

b

[1, 2, 3]
```

Python에서 immutable 자료형(숫자, 문자열, 튜플)은 직접 값이 변경되는 deep copy로 이해할 수 있다. 반면에 mutable 자료형(쓰기가 가능한 컨테이너)는 shallow copy(내부적으로 포인터만 복사)를 적용된다.

```
a = [1,2,3]
b = a                    # b와 a는 같은 값을 가르킴(shallow copy)
b is a

True
```

실제 값까지 복사(deep copy)하기 위해서는 object.copy() 를 사용해야 한다.
```
a = [1,2,3]
b = a.copy()
b is a

False

b == a

True
```

is와 ==를 통한 결과값이 다른 것을 알 수 있다. is는 내부적으로 유지하는 포인터 값을 비교하고, ==는 list를 구성하는 성분을 비교한다.

3.7. mutable vs immutable

파이선은 모든 것이 객체(object)인데, 그 속성이 mutable(값이 변한다)과 immutable로 구분된다. Immutable로는 숫자(number), 문자열(string), 튜플(tuple) 등이고, Mutable은 리스트(list), 딕셔너리(dictionary), NumPy의 배열(ndarray) 등이다. 숫자, 문자열, 튜플은 값을 변경하지 못하고, 리스트와 딕셔너리는 변경할 수 있다는 뜻이다.

```
x = 1
y = x
y += 3
x, y

(1, 4)
```

x와 y가 1이라는 동일한 객체를 지시하고 있다. y의 값을 변경하는 순간 y는 4를, x는 1을 의미하게 된다. 조금 다른 점은 y=x가 호출되는 시점에는 동일한 객체를 지시하다가 immutable 타입인 y를 변경했을 때 변경된다는 점이다. id(obj)를 이용하면 보다 자세하게 이해할 수 있다.

```
x = 1
y = x
id(1), id(x), id(y)

(11256064, 11256064, 11256064)

y += 3
id (y)

11256160
```

id(obj)는 객체의 유일한 숫자를 반환하는 포인터로 이해하자.
다른 immutable 타입인 문자열(string)과 튜플(tuple)의 예이다.

```
x = 'abcd'
y = x
y += 'e'
x, y
```

```
('abcd', 'abcde')
```

```
x = (1 ,2 ,3 )
y = x
y += (4,)
x

(1,2,3)
```

```
y

(1,2,3,4)
```

Mutable 타입은 쓰기가 가능한 컨테이너로 튜플(tuple)은 읽기만 가능한 컨테이너
이기 때문에 immutable이다. 리스트에 적용한 예를 보자.

```
x = [1 ,2 ,3 ]
y = x
y += [4 ,]
x

[1,2,3,4]
```

```
y

[1,2,3,4]
```

위의 경우 두번째 줄까지 실행하면 x, y는 모두 [1,2,3]을 지시한다. 그리고 y를
변경하면 x 역시도 변경되게 된다. 쓰기가 가능한 컨테이너는 mutable 이므로
shallow copy가 된다.

4. Variables

4.1. 변수 정의

변수는 프로그램에서 사용하기 위해 특정 값을 저장하는 공간을 의미한다. 파이썬에서 변수는 객체의 별칭을 이야기한다. 저장방식으로는 변수(Variable)와 객체(Object) 값이 변수 내에 저장되는 것이 아니라, 객체(Object)가 생성되고 변수가 그 객체(Object)를 가리킨다. 예를들면 변수는 이름표로, 특정 값을 변수에 할당하고, 특정 값에 변수라는 이름표가 붙는 방식이다.

변수의 생성은 우측에 객체를, 좌측에 변수이름에 할당함으로 가능하다. 그런 문장 형식을 할당식이라고 한다.

```
변수 = 객체
```

변수 이름을 정의한 후에 변수 이름을 통해 객체를 호출할 수 있다. 파이썬 3부터 변수로 한글을 포함한 모든 문자를 사용할 수 있다. 변수로 사용할 이름은 따옴표로 시작하거나 끝나면 안된다. 바로 사용한다.

```
변수로사용할이름 = 객체
```

동일한 변수에 여러 객체를 담고자 한다면, 마지막 객체만을 의미하게 된다.

```
var = '문자열'
var = True
var

True
```

300이라는 객체에 변수(x) 이름표를 붙이면,

```
x = 300
print(x)

300
```

```
'var' = 1

File "<ipython-input-5-54536cfd6618>", line 1
    'var' = 1
          ^
SyntaxError : can't assign to literal
```

4.2. 변수 할당 가능한 이름

변수로 할당할 수 있는 이름은 다음과 같다. 그러나 사용하면 Error가 발생한다. 먼저 문자, 숫자 그리고 언더바 "_" 로 구성된 단어만 가능하다. 그리고 처음 시작으로 숫자는 올 수 없다. 또한 이미 파이썬에서 문법적인 요소로 사용중인 keyword들은 사용할 수 없다.

사용 중인 키워드들은 다음과 같다. False, None, True, and, as, assert, break, class, continue,def,del,elif,else, except,finally,for,from,global, if,import,in,is,lambda, nonlocal,not,or,pass,raise,return,try,while,with,yield

```
import keyword
keyword.kwlist['False', 'None', 'True', 'and', 'as', 'assert', 'break', 'class', 'continue', 'def',
'del', 'elif', 'else', 'except', 'finally', 'for', 'from', 'global', 'if', 'import', 'in', 'is', 'lambda',
'nonlocal', 'not', 'or', 'pass', 'raise', 'return', 'try', 'while', 'with', 'yield']
```

변수 사용 가능한 문자도 있지만, 위와 같이 변수 사용이 금지되어 있는 문구가 있다. 한글로는 변수명 설정을 가능한 하지 않는다. 예약어(Reserved Word)나 &와 같은 특수문자와 숫자로 시작은 허용되지 않는다.

사용할 수 없는 변수명을 보면,

```
01256_day = False

File "⟨ipython-input-54-8498a170716a⟩", line 1
    01256_day = False
           ^
SyntaxError: invalid decimal literal
```

변수 이름이 없으면, 새로운 객체(Object)를 생성하고, 변수 이름이 있으면, 기존 객체(Object)를 변경한다. 예를들면, x에 300, y에 400을 입력한다.[9]

```
x=300
print(x)

y=400
print(y)
```

---

9) 구문 에러: SyntaxError: can't assign to operator, SyntaxError: can't assign to literal 값을 변수에 저장하는 대입 연산자(=)와 값을 비교하는 비교 연산자(==)를 혼동해서 잘못 쓰면 에러가 발생한다. 변수에 잘못된 값이 저장되어 프로그램이 제대로 동작하지 않을 수도 있다. 따라서 어떠한 값이 같은지 비교할 때는 반드시 등호를 두 개(==) 사용해야 한다.

id 메모리 주소 불러오기

```
print(id(x))
print(id(y))

140104705796944
140104705796752
help(id)

Help on built-in function id in module builtins:
id(obj, /)
    Return the identity of an object.
    This is guaranteed to be unique among simultaneously existing objects.
    (CPython uses the object's memory address.)
```

변수 x,y가 같은 곳이 아닌, 다른 곳에 저장된 메모리가 다르다

```
id(x)==id(y)

False
```

4.3. 동일한 객체 참조

x가 가리키는 동일한 객체(Object)를 참조하는 y가 존재할 때, 다른 객체를 생성하지 않고 동일한 곳을 가리킨다.

```
x = 300
y = x
print(x)
print(y)

300
300
```

id 확인하기

```
id(x)==id(y)

True
```

```
hex(id(x)) == hex(id(y))

True
```

hex 16진법으로 변환

```
help(hex)                    # 16진법
```

```
Help on built-in function hex in module builtins:
hex(number, /)
    Return the hexadecimal representation of an integer.
```

```
hex(12648430)
 '0xc0ffee'
```

```
hex(id(x))
'0x1b7fcb53bf0'
```

할당된 변수가 다르지만 같은 곳(메모리)에 저장된다. 동시에 할당하면 같은 메모리로 할당된다. 버전마다 차이가 존재한다. [−5,256]범위의 정수에 대한 객체를 미리 생성해놓아서 동일한 개체를 참조한다.

예를들어 다음과 같이 변수를 활당 할 수 있다.

```
a, b = -5, -5
print(id(a)==id(b))

True
```

```
a = -5
b = -5
print(id(a)==id(b))

True
```

```
a, b = 257, 257
print(id(a)==id(b))

True
```

```
a = 257
b = 257
print(id(a)==id(b))

False
```

호출(call)의 종류는 Call by reference(참조에 의한 호출)와 Call by value(값에 의한 호출)[10]등이 있고, ==는 단순 값을 비교하는 방법으로 비교연산자(==)에 해당한

---

10) Call by value(값에 의한 호출)는 인자로 받은 값을 복사하여 처리를 한다. Call by reference(참조에 의한 호출)는 인자로 받은 값의 주소를 참조하여 직접 값에 영향을 준다. 간단히 말해 값을 복사를 하여 처리를 하느

다. 또한 is는 동일한 메모리에 저장되었는지 확인하는 방법이다.

```
a, b = 300, 300
print(id(a)==id(b))
print(a is b )
print(a == b)

True
True
True
```

```
a  = 300
b = a
print(id(a)==id(b))
print(a is b )
print(a == b)

True
True
True
```

4.5. type() 데이터 형태 확인

데이터의 형태는 type() 함수를 이용한다. 코드 실행 시 값의 표현법에 따라 변수 형태가 결정된다. 각각의 데이터 형태를 확인해 보자.

```
x = 30 # 정수 integer
print(type(x))

〈class 'int'〉
```

```
x = 3.141692  # 실수 float
print(type(x))

〈class 'float'〉
```

```
x  = 3+2j
```

나, 아니면 직접 참조를 하느냐 차이인 것이다. 프로그래밍 구조상 Call by value(값에 의한 호출)를 하면 복사가 되기 때문에 메모리량이 늘어난다. 요즘에는 기기의 성능이 좋아져서 상관이 없다지만 많은 계산이 들어간다면 과부하의 원인이 된다. 하지만 복사처리가 되기 때문에 원래의 값은 영향을 받지 않아서 안전하다. Call by value(값에 의한 호출)의 장점은 복사하여 처리하기 때문에 안전하다. 원래의 값이 보존이 된다. 단점은 복사를 하기 때문에 메모리가 사용량이 늘어난다. Call by reference(참조에 의한 호출)의 장점은 복사하지 않고 직접 참조를 하므로 빠르다. 단점은 직접 참조를 하기에 원래 값이 영향을 받는다.

```
print(type(x))

<class 'complex'>
```

```
x = '파이썬' # 문자열 string
print(type(x))

<class 'str'>
```

```
x = True
print(type(x))

<class 'bool'>
```

4.6. int() 데이터 변환 후 선언

```
a = '10'
print(a, type(a))

10 <class 'str'>
```

```
a = int(a)
print(a, type(a))

10 <class 'int'>
```

```
a = 3.174
print(a, type(a))

3.174 <class 'float'>
```

```
a = str(a)
print(a, type(a))

3.174 <class 'str'>
```

```
import platform
platform.system()              # 운영체제
platform.version ()
platform.platform ()           # 운영체제 전부

#1 SMP Sun Apr 24 10:03:06 PDT 2022
Linux-5.4.188+-x86_64-with-Ubuntu-18.04-bionic
```

4.7. eval()과 del

eval(expression)은 실행 가능한 문자열(1+2, 'hi' + 'a' 같은 것)을 입력으로 받아 문자열을 실행한 결과값을 돌려주는 함수이다. del은 함수를 제거하는 기능을 가진다.

```
eval('1+2')

3
```

```
eval("'hi' + 'a'")

'hia'
```

```
 v1, v2 = eval(input('v1, v2 : ')) # eval() : 알아서 콤마(,)로 구분함

print(v1+v2)
```

del키워드는 객체를 바로 지우지는 않지만, 변수를 지우고 변수가 참조하고 있지 않는 기존에 객체도 다른 변수가 참조하고 있지 않다면 지워진다.

```
var = 123  # del : 삭제
var

123
```

```
del var

var

Traceback (most recent call last):
File "〈stdin〉", line 1, in 〈module〉
NameError: name 'var' is not defined
```

4.8. 할당연산자

할당 연산자는 코드의 길이를 줄이는데 도움이 되는 기능이다.
```
a = 3
a = a + 1
```

위 코드는 첫번째 줄에서 변수 a에 3을 할당했고, 그 다음 줄에서 a에 1을 더한 숫자를 다시 변수 a에 할당했다.

```
a = 3
a += 1
```

a = a + 1 변수 a의 들어가있는 값을 이용해서 새로운 객체를 만들어서 다시 변수 a에 넣었다.

```
a = 3
a -= 1          # 사용전 a = a - 1

a = 3
a /= 2          # 사용전 a = a / 2

a = 3
a *= 3          # 사용전 a = a * 3

a = 10
a //= 3         # 사용전 a = a // 3

a = 10
a %= 3          # 사용전 a = a % 3

a = 2
a **= 10        # 사용전 a = a ** 10
```

5. 코드의 작성규칙(coding convention)

5.1. Module Level Dunder Names

파이썬에는 코드 작성규칙(coding convention)이 있다. Module level
"Dunders"은 __가 이름 앞 뒤로 쓰이는 것으로 예를들면 __all__, __author__,
__version__, 기타 등등이 있다. 이것은 반드시 모듈 닥스트링 뒤에 쓰여져야 하고,
from __future__ import를 제외하고 import문 전에 쓰여져야 한다. 파이썬에서는
future import는 반드시 닥스트링을 제외하곤 다른 코드 전에 쓰여지는 것을 요구
한다.

닥스트링(Documentation Strings, Docstrings)

```
"""This is the example module.
This module does stuff.
"""


"""This is the example module. This module does stuff."""


"""Return a foobang
Optional plotz says to frobnicate the bizbaz first.
"""
```

```
from __future__ import barry_as_FLUFL
```

```
__all__ = ['a', 'b', 'c']
```

```
__version__ = '0.1'
```

```
__author__ = 'Cardinal Biggles'
```

5.2. 들여 쓰기

들여 쓰기에서는 한번의 들여쓰기에 4개의 스페이스를 사용하여야 한다. 괄호(대,
중,소) 및 괄호안의 괄호와 같이 연결되는 라인에서 줄바꿈이 일어나는 요소들은 수
직으로 정렬되어야 한다. 첫째 열에 대한 규칙은 없으나 내어쓰기는 명확하게 구하도
록 한다.

```
좋은 예 :
# 여는 구분기호로 정렬되는 경우
foo = long_function_name(var_one, var_two,
```

```
                var_three, var_four)

# 아랫줄과 구분을 위해 더 많은 들여쓰기 포함된 경우
def long_function_name(
        var_one, var_two, var_three,
        var_four):
    print(var_one)

# 매달린 형태의 들여쓰기는 하나의 들여쓰기 레벨을 추가해야 함
foo = long_function_name(
    var_one, var_two,
    var_three, var_four)
```

```
나쁜 예 :
# 첫수직정렬이 안되어 있을때 첫째 줄은 금지되며 문제의 소지가 있음
foo = long_function_name(var_one, var_two,
    var_three, var_four)

# 더 많은 들여쓰기가 필요한 경우, 함수안 첫째 줄과 구분이 어려움
def long_function_name(
    var_one, var_two, var_three,
    var_four):
    print(var_one)
```

들여 쓰기 - 괄호(여러 줄)

기본에서 설명한 것보다 상세하게 설명하면, 닫는 괄호의 경우 마지막 줄의 첫번째 요소 바로 아래 맞추어도 된다. 혹은 공백 없이 라인의 가장 앞에 맞추어도 된다.

```
# 첫번째 요소 아래 맞추는 경우
my_list = [
    1, 2, 3,
    4, 5, 6,
    ]

result = some_function_that_takes_arguments(
    'a', 'b', 'c',
    'd', 'e', 'f',
    )

# 라인의 가장 앞에 맞추는 경우
my_list = [
    1, 2, 3,
    4, 5, 6,
]
```

5.3. import

```
import os
import sys
```

```
import sys
sys.version
```

인라인주석(Inline Comments)

```
import sys, os, my_module # 이렇게 한줄에 쓰도 되지만, 사용하지 말자
```

```
import sys # standard lib
import os # standard lib
```

```
import numpy as np # third-party lib
import my_module # private lib
```

5.4. 함수 불로오기

함수 불로오기의 변수리스트 시작을 알리는 여는 괄호 전에서의 공백.

```
좋은 예 :
spam(1)
```

```
나쁜 예 :
spam (1)
```

인덱싱 혹은 슬라이싱의 시작을 알리는 여는 괄호 전에서의 공백.

```
좋은 예 :
dct['key'] = lst[index]
```

```
나쁜 예 :
dct ['key'] = lst [index]
```

```
 좋은 예 :
x = 1
y = 2
long_variable = 3
```

```
나쁜 예 :
x                 = 1
y                 = 2
long_variable = 3
```

광역변수는 대문자로 써준다.

```
MY_AGE = 25
NAME = 'string'
CNT = "5"
S_POINT =(6,)
```

```
좋은 예 :
FILES = [
    'setup.cfg',
    'tox.ini',
    ]

initialize(FILES,
            error=True,
            )
```

```
나쁜 예 :
FILES = ['setup.cfg', 'tox.ini',]
initialize(FILES, error=True,)
```

```
좋은 예 :
FILES = ('setup.cfg',)
```

```
사용해도 좋지만 헷갈리는 예 :
FILES = 'setup.cfg',
```

합성구문(Compound statements)(multiple statements on the same line)은 일반적으로 좋지 않다.

```
좋은 예 :
if foo == 'blah':
    do_blah_thing()
do_one()
do_two()
do_three()
```

```
나쁜 예 :
if foo == 'blah': do_blah_thing()
do_one(); do_two(); do_three()
```

5.5. Function declaration

```
def munge(input_: str) -> str:  # -): 리턴타입을 알려주는 주석처럼
    # python에서만 -)를 어노테이션으로 씀
```

```
    return "string"
```

만약에 다른 우선순위의 연산자가 함께 쓰인다면, 가장 우선순위가 낮은 연산자 주변에 공백을 추가하는 것을 고려하며 본인의 판단을 사용하도록 한다. 그러나 하나이상의 스페이스를 사용하지 말고, 항상 이진연산자 양쪽에 같은 양의 공백을 사용하도록 한다.

```
좋은 예 :
i = i + 1
submitted += 1
x = x*2 - 1
hypot2 = x*x + y*y
c = (a+b) * (a-b)
```

```
나쁜 예 :
i=i+1
submitted +=1
x = x * 2 - 1
hypot2 = x * x + y * y
c = (a + b) * (a - b)
```

키워드 독립변수(keyword argument) 혹은 기본 파라미터 값을 나타내기 위해 "=" 사인 주변에 스페이스를 사용하지 말도록 한다.

```
좋은 예 :
def complex(real, imag=0.0):
    return magic(r=real, i=imag)
```

```
나쁜 예 :
def complex(real, imag = 0.0):
    return magic(r = real, i = imag)
```

함수 주석은 콜론에 대해 일반적인 규칙을 사용해야하며, 항상 화살표 주변에 스페이스를 가져야 한다.

```
좋은 예 :
def munge(input: AnyStr): ...
def munge() -> PosInt: ...
```

```
나쁜 예 :
def munge(input:AnyStr): ...
def munge()->PosInt: ...
```

space와 :, ; 은 왼쪽은 항상 붙인다

```
def complex(real, imag=0.0):  # default param은 붙여주자
    return 0
```

```
나쁜 예 :
if x == 4 : print(x , y) ; x , y = y , x

좋은 예 :
if x == 4: print(x, y); x, y = y, x
```

Braces와 Indexing, Slicing

```
좋은 예 :
def f(x): return 2*x

나쁜 예 :
f = lambda x: 2*x
```

5.6. 표현식과 구문에서의 공백

Pet Peeves(눈엣가시)로는 중괄호, 대괄호, 괄호 안와 같은 상황에서 관계없는 공백은 피하도록 한다.

```
좋은 예 :
spam(ham[1], {eggs: 2})
```

```
나쁜 예 :
spam( ham[ 1 ], { eggs: 2 } )
```

```
 뒤에 오는 콤마와 오는 괄호 사이.
좋은 예 :
foo = (0,)
```

```
나쁜 예 :
bar = (0, )
```

```
콤마, 세미콜론, 혹은 콜론 전.
좋은 예 :
if x == 4: print x, y; x, y = y, x
```

```
나쁜 예 :
if x == 4 : print x , y ; x , y = y , x
```

5.7. 슬라이스에서의 공백.

슬라이스에서 콜론은 이진연산자와 같이 적용되며, 양쪽에서 같은 크기를 가진다. 확장된 슬라이스에서는 두개의 콜론은 같은 간격을 가져야 한다. 예외적인 상황은 슬라이스 파라미터가 생략되거나 공간이 생략될 경우이다.

```
좋은 예 :
ham[1:9], ham[1:9:3], ham[:9:3], ham[1::3], ham[1:9:]

ham[lower:upper], ham[lower:upper:], ham[lower::step]

ham[lower+offset : upper+offset]

ham[: upper_fn(x) : step_fn(x)], ham[:: step_fn(x)]

ham[lower + offset : upper + offset]
```

```
나쁜 예 :
ham[lower + offset:upper + offset]

ham[1: 9], ham[1 :9], ham[1:9 :3]

ham[lower : : upper]

ham[ : upper]
```

python의 version 확인

```
import sys
print("--sys.version")
print(sys.version)

--sys.version 3
.7.13 (default, Apr 24 2022, 01:04:09)
[GCC 7.5.0]
```

현재 경로

```
2import os
print(os.getcwd()) # 현재폴더 파일확인

/content
```

폴더 리스트 확인

```
print(os.listdir('./'))
['.config', 'drive', 'sample_data']
```

시간

```
import time
time.time()

1652796132.7629793
```

```
# time.strftime('포맷', 시간객체)
time.strftime('%Y-%m-%d', time.localtime(time.time()))

2022-05-17
```

```
import datetime
datetime.datetime.today().strftime('%Y-%m-%d')

2022-05-17
```

```
from datetime import datetime
datetime.today().strftime('%Y-%m-%d')

2022-05-17
```

파이썬 진행률 프로세스

```
!conda install tqdm -y
from tqdm import tqdm
result = [ ]
for i in tqdm(range(1,10)):
    result.append(i)

/bin/bash: conda: command not found
100%|███████████████| 9/9 [00:00<00:00, 14826.68it/s]
```

```
tmp = [i for i in tqdm(range(1,100))]
100%|███████████████| 99/99 [00:00<00:00, 539267.66it/s]
```

```
import numpy as np

print(np.pi)
3.141592653589793
```

```
np.sin(np.array((0., 30., 45., 60., 90.)) * np.pi / 180. )

import platform
print(platform.python_version())
```

폴더 패스 변경

```
import sys
sys.path.insert(0, '../utils')
```

```
from, import 기본형
from   파일명 (라이브러리 ) import   함수이름


from   calendar import   prmonth
prmonth (2025 , 8 )

    August 2025
Mo Tu We Th  Fr  Sa  Su
              1       2  3
  4   5   6   7   8      9  10
 11  12  13 14 15   16  17
 18  19  20 21 22   23  24
 25  26  27 28 29 30 31


from   calendar  import   *
```

이렇게 사용하면 앞에 파일명 부분은 안 써도 동작한다. 또한 함수를 일일이 다 쓰지 않고 전체를 다 쓰고 싶을 때는 '*'을 붙이면 된다. '*'은 모든 것을 의미한다 .

```
from utils import *
```

6. Function

함수란 입력값을 가지고 어떤 일을 수행한 다음에 그 결과물을 내어놓는 것이다. 이렇듯 함수를 사용하는 이유는 프로그래밍을 하다 보면 똑같은 내용을 반복해서 작성하는 경우가 종종 발생한다. 즉 반복되는 부분이 있을 경우 반복적으로 사용되는 가치 있는 부분을 한 뭉치로 묶어서 어떤 입력값을 주었을 때 어떤 결과 값을 돌려준다라는 식의 함수로 작성하는 것이 현명하다.

함수를 사용하는 다른 이유는 필요한 부분을 작성한 프로그램을 함수화하면 프로그램 흐름을 일목요연하게 볼 수 있기 때문이다. 마치 공장에서 원재료가 여러 공정을 거쳐 하나의 상품이 되는 것처럼 프로그램에서도 입력한 값이 여러 함수를 거치면서 원하는 결과 값을 돌려준다. 이렇게 되면 프로그램 흐름도 잘 파악할 수 있고 오류가 어디에서 나는지도 바로 알아차릴 수 있다. 함수를 잘 사용하고 함수를 적절하게 만들 줄 아는 사람이 능력 있는 프로그래머이다.

6.1. 함수 선언

def는 함수를 만들 때 사용하는 예약어이며, 함수 이름은 함수를 만드는 사람이 임의로 만들 수 있다. 함수 이름 뒤 괄호 안의 매개변수는 이 함수에 입력으로 전달되는 값을 받는 변수이다. 이렇게 함수를 정의한 다음 if, while, for문 등과 마찬가지로 함수에서 수행할 문장을 입력한다.

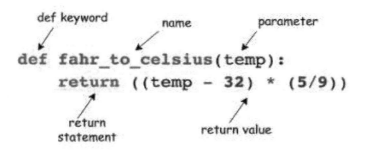

[그림 14] 함수 구조와 명칭

함수이름은 주로 동사로 시작한다. 매개변수는 함수 호출 시의 인자값을 받아오는 변수들로 구분해서 나열한다. 함수를 만든다고 실행되지는 않는다. 반드시 함수 호출해야 한다.

파이썬 함수의 구조는 다음과 같다.
def 함수명(매개변수):
    statement1
    statement2
    ...

```
def add(a, b):
    return a + b
```

add 함수를 읽어보면, 이 함수의 이름은 add이고 입력으로 a와 b라는 2개의 값을
받으며 결과값은 2개의 입력값을 더한 값이다.

리턴값 있는 경우
```
def say_hello():
    return "hello"
say_hello()

'hello'
```

리턴값 없는 경우
```
def say_hello():
    print('hello')
say_hello()

hello
```

리턴값 유무에 따른 차이
```
def add_num(x,y):              # 있다면 그 값을 저장 가능
    return x+y
x = add_num(1,3)
print(x)

4
```

```
def add_num(x,y):              # 없다면 그 값을 저장 불가능
    print(x+y)                 # 리턴값이 없어 자동으로 none으로 채워진 것을 확인
x = add_num(1,3)
print(x)

4
None
```

```
def add_num(x,y):                    # 복수 인자값 받기
    return x+y
result = add_num(1,3)
print(result)

4
```

6.2. 매개변수와 인수

매개변수(parameter)와 인수(arguments)는 혼용해서 사용되는 헷갈리는 용어이지
만, 매개변수는 함수에 입력으로 전달된 값을 받는 변수를 의미하고 인수는 함수를
호출할 때 전달하는 입력값을 의미한다.

```
def add(a, b):                       # a, b는 매개변수
    return a+b

print(add(3, 4))                     # 3, 4는 인수
```

```
def power(x):                        # 단일값 인자 받기
    return x*x
result = power(2)
print(result)

4
```

```
def add_num(x,y):                    # 복수 인자값 받기
    return x+y
result = add_num(1,3)
print(result)

4
```

```
def add(a, b):                       # 일반 함수의 전형적인 예
    result = a + b
    return result
```

```
def say(message, times = 1 ):
    print( message*times )           # times은 쓰지 않을 경우 1로 default로 설정
say('3',4)                           # time 자리에 4 이므로 time = 4

3333
```

```
say('3')                              # time 자리에 변수가 없으므로 time = 1

3
```

6.3. 함수 형태

```
def long_args3_func(
        var_one, var_two, var_three):
    print(var_one)
```

```
long_args_func(1, 2, 3)

1
```

```
def say():
    return 'Hi'

a = say()
print(a)

Hi
```

```
def add(a, b):
    print("%d, %d의 합은 %d입니다." % (a, b, a+b))
                            # 결과값이 없는 함수는 호출해도 돌려주는 값이 없다.
add(3, 4)

3, 4의 합은 7입니다.

a = add(3, 4)

3, 4의 합은 7입니다.
```

```
a = add(3 , 4 )
print (a)

None
```

```
# 여러 개의 입력값을 받는 함수 만들기
def add_many(*args):
    result = 0
    for i in args:
        result = result + i
    return result
```

※ args는 인수를 뜻하는 arguments의 약자이며 관례적으로 사용한다.

```
result = add_many(1,2,3)
print(result)

6
```

```
result = add_many(1,2,3,4,5,6,7,8,9,10)
print(result)

55
```

```
a = 1
def  vartest (a ):
     a = a +1
vartest (a )
print (a )

1
```

함수 안에서 새로 만든 매개변수는 함수 안에서만 사용하는 함수만의 변수이기 때문이다. 즉 def vartest(a)에서 입력값을 전달받는 매개변수 a는 함수 안에서만 사용하는 변수이지 함수 밖의 변수 a가 아니라는 뜻이다.

```
def  vartest (b ):
     b = b + 1
vartest (3 )
print (b )

-----------------------------------------------------------------
NameError                         Traceback (most recent call last)
〈ipython-input-9-04e2c92bbe84〉 in 〈module〉()
      4
      5 vartest (3 )
----〉 6 print (b )

NameError : name 'b' is not defined
```

vartest(3)을 수행하면 vartest 함수 안에서 a는 4가 되지만 함수를 호출하고 난 뒤에 print(a) 문장은 오류가 발생하게 된다. 그 이유는 print(a)에서 입력받아야 하는 a 변수를 어디에서도 찾을 수가 없기 때문이다. 다시 말하지만 함수 안에서 선언한 매개변수는 함수 안에서만 사용될 뿐 함수 밖에서는 사용되지 않는다.

6.4. return, global, lambda

vartest라는 함수를 사용해서 함수 밖의 변수 a를 1만큼 증가시키는 방법으로 먼저 return 사용과 global 명령어를 사용할 수 있다.

먼전 return을 사용한다.

```
a = 1
def vartest(a):
    a = a +1
    return a

a = vartest(a)
print(a)

2
```

return을 사용하면, vartest 함수는 입력으로 들어온 값에 1을 더한 값을 돌려준다. a = vartest(a)라고 대입하면 a가 vartest 함수의 결과값으로 바뀐다. vartest 함수 안의 a 매개변수는 함수 밖의 a와는 다른 것이다.

둘째 global 명령어를 사용한다.

```
a = 1
def vartest():
    global a
    a = a+1

vartest()
print(a)

2
```

global 명령어를 사용하면, vartest 함수 안의 global a 문장은 함수 안에서 함수 밖의 a 변수를 직접 사용하겠다는 뜻이다. 하지만 프로그래밍을 할 때 global 명령어는 사용하지 않는 것이 좋다. 왜냐하면 함수는 독립적으로 존재하는 것이 좋기 때문이다. 가급적 global 명령어를 사용하는 이 방법은 피하고 첫 번째 방법을 사용하기를 권한다.

lambda는 함수를 생성할 때 사용하는 예약어로 def와 동일한 역할을 한다. 보통 함수를 한줄로 간결하게 만들 때 사용한다. def를 사용해야 할 정도로 복잡하지 않거나 def를 사용할 수 없는 곳에 주로 쓰인다.

사용법은

```
lambda 매개변수1, 매개변수2, ... :    # 매개변수를 이용한 표현식
```

```
add = lambda a, b: a+b
result = add(3, 4)
print(result)

7
```

add는 두 개의 인수를 받아 서로 더한 값을 돌려주는 lambda 함수이다. 위 예제는 def를 사용한 다음 함수와 하는 일이 완전히 동일하다.

```
def add(a, b):
    return a+b
result = add(3, 4)
print(result)

7
```

lambda 예약어로 만든 함수는 return 명령어가 없어도 결괏값을 돌려준다.

6.5. if, while, for

프로그램은 명령문들을 순차적으로 실행된다. 즉 top-down order 형식으로 실행된다. 조건문(Conditionals)은 실행 순서를 조건에 따라 변경되게 된다. 반복문(Loops)은 특정 조건을 만족할 때까지 계속 시행된다.

이런 문의 종류로는

```
if / else if / if , elif, else
while / for
break / continue
```


1) if, else, elif

이들 문에서는 들여쓰기가 중요하다. if 문을 만들 때는 if 조건문: 바로 아래 문장부터 if 문에 속하는 모든 문장에 들여쓰기(indentation)를 해주어야 한다. 아래처럼 조건문이 참일 경우 수행할 문장1을 들여쓰기 했고, 수행할 문장2와 수행할 문장3도 들여쓰기 해 주었다. 다른 프로그래밍 언어를 사용해 온 사람들은 파이썬에서 수행할 문장을 들여쓰기하는 것을 무시하는 경우가 많다.

```
if 조건문:
    수행할 문장 1
    수행할 문장 2
```

```
        수행할 문장 3
```

```
if condition1:
    statement1
    statement2
    statement3

elif condition 2:
    statement 4
else :
    statement 5
```

오류가 발생한다.

```
if 조건문:
    수행할 문장 1
수행할 문장 2
    수행할 문장 3
```

조건(conditon)이 True인 경우에는 if block을 실행한다. 아니면 else block을 실행한다. else 부분은 optional이다. 반드시 들여쓰기(indentation)는 지켜야한다.

if - else

```
x=int (input ('x:'))  # 값 입력
if  x <= 10 :
    print (f 'x({x })는 10 보다 작거나 같은 수')
else :
    print (f 'x({x })는 10 보다 큰 수')
x : 12

x(12)는 10 보다 큰 수
```

간단한 조건문은 한 줄에 표현

```
value=12
answer='10보다 작은 수' if value<=10 else '10보다 큰수 '
print(answer)

10보다 큰 수
```

if-elif-else

```
x,y = eval(input("x,y:"))
# if-elif-else 사용하여 두 개의 정수를 입력 받아 큰 수를 출력
if x>y:
    print(f'큰 수는 x({x}) 입니다.')
```

```
elif y>x:
    print(f'큰 수는 y({y}) 입니다.')
else:
    print('두수의 값이 같습니다.')
x,y:31,32

큰 수는 y(32) 입니다.
```

```
pocket = ['paper', 'money', 'cellphone']
if 'money' in pocket:
    pass
else:
    print("cellphone을 꺼내라")
```

pocket 리스트 안에 money 문자열이 있기 때문에 if문 다음 문장인 pass가 수행되고 아무 결과값도 보여 주지 않는다.

조건부 표현식

```
if score >= 60:
    message = "success"
else:
    message = "failure"
```

수행할 문장이 한 줄일 때 조금 더 간략하게 코드를 작성하는 방법이 있다.

```
pocket = ['paper', 'money', 'cellphone']
if 'money' in pocket: pass
   else: print("cellphone을 꺼내라")
```

2) while
같은 내용들을 여러 번 작성하지 않고 원하는 작업을 반복시킬 수 있다, Python에서 while문과 for 문을 사용하여 표현할 수 있다.

```
while condition:
    〈statement 1〉
    〈statement 2〉
    〈statement 3〉
    〈statement 4〉
else:              # optional
    statement 5
```

```
cup = 0
while cup<5:
    cup +=1
    print(f'오늘 커피 {cup}잔 먹음')

오늘 커피 1잔 먹음
오늘 커피 2잔 먹음
오늘 커피 3잔 먹음
오늘 커피 4잔 먹음
오늘 커피 5잔 먹음
```

While-break 문

```
cup = 0
while cup<5:
    cup +=1
    print(f'오늘 커피 {cup}잔 먹음')
    if cup ==3:
        print('커피 그만 마시세요.')
        break
오늘 커피 1잔 먹음
오늘 커피 2잔 먹음
오늘 커피 3잔 먹음
커피 그만 마시세요.
```

While-else

```
cup = 0
while cup<5:
    cup +=1
    print(f'오늘 커피 {cup}잔 먹음')
else:
    print('더 이상 커피가 없습니다.')

오늘 커피 1잔 먹음
오늘 커피 2잔 먹음
오늘 커피 3잔 먹음
오늘 커피 4잔 먹음
오늘 커피 5잔 먹음
더 이상 커피가 없습니다.
```

While-else break

```
cup = 0
while cup < 5:
    cup += 1
    print(f'오늘 커피 {cup}잔 먹음')
    if cup == 3:
```

```
        print('커피 그만 마시세요.')
        break
else:
    print('더 이상 커피가 없습니다.')

오늘 커피 1잔 먹음
오늘 커피 2잔 먹음
오늘 커피 3잔 먹음
커피 그만 마시세요.
```

3) for

for문의 기본 구조는

```
for 변수 in 리스트(또는 튜플, 문자열):
    수행할 문장 1
    수행할 문장 2
```

```
test_list = ['one', 'two', 'three']
for i in test_list:
print (i)

one two three
```

```
for i in range(1,10+1):
    print(i, end=' ')

1 2 3 4 5 6 7 8 9 10
```

```
for _ in range(10):                    # iterate 되는 것들
    print('*', end=' ')

* * * * * * * * * *
```

```
for i in range(20,4-1,-1):             # 역순으로 출력
    print(i, end=',')

20,19,18,17,16,15,14,13,12,11,10,9,8,7,6,5,4,
```

```
for i in range(10,1,-1):               # 역순으로 출력
    print(i, end=',')

10,9,8,7,6,5,4,3,2,
```

for-else

```
for i in range(1,11):
    print(i, end=' ')
else:
    print('출력끝')
```

```
1 2 3 4 5 6 7 8 9 10 출력끝
```

for-break

```
for i in range(10):
    if i == 5:
        break
    print(i, end=',')
else:
    print('END')
```

```
0,1,2,3,4,
```

for-continue

```
for i in range(10):
    print(i, end=',')
    if i == 5:
        continue
    print('check')
else:
    print('END')
```

```
0,check
1,check
2,check
3,check
4,check
5,6,check
7,check
8,check
9,check
END
```

반복문 안에 반복문이 중첩되는 경우를 뜻한다.

```
print('Pattern A')
for i in range(1,7):
    for j in range(1,i+1):
        print(j, end=' ')
    print()
print()
```

```
Pattern A

1
1 2
1 2 3
1 2 3 4
1 2 3 4 5
1 2 3 4 5 6
```

```
a = [1 ,2 ,3 ,4 ]
result = []
for num in a:
    result.append(num*3 )
print (result)

[3 , 6 , 9 , 12 ]
```

```
[표현식 for 항목 1 in 반복가능객체 1 if 조건문 1
        for 항목 2 in 반복가능객체 2 if 조건문 2
        ...
        for 항목 n in 반복가능객체n if 조건문 n]
```

구구단의 모든 결과를 리스트에 담고 싶다면 리스트 내포를 사용하면 간단하게 구
현할 수 있다.

```
result = [x*y for x in range (2 ,10 )
              for y in range (1 ,10 )]
print (result)

[2, 4, 6, 8, 10, 12, 14, 16, 18,
3, 6, 9, 12, 15, 18, 21, 24, 27,
4, 8, 12, 16,20, 24, 28, 32, 36,
5, 10, 15, 20, 25, 30, 35, 40, 45,
6, 12, 18, 24, 30, 36, 42, 48, 54,
7, 14, 21, 28, 35, 42, 49, 56, 63,
8, 16, 24, 32, 40, 48, 56, 64, 72,
9, 18, 27, 36, 45, 54, 63, 72, 81]
```

4) In 연산자
in과 not in이 있다.

```
'a' in {'a','b','c'}

True
```

```
'a' in ['a','b','c']
```

```
True
```

```
'a' in ('a','b','c')
```

```
True
```

```
'a' not in ['a','b','c']
```

```
False
```

```
my_coin = 'fil'
if my_coin 'btc','fil','eth','doge','luna','tera','udt','avx'
    print('있다')
else:
    print('없다')

있다
```

7. Asterisk, zip, lambda

*args와 **kwargs 같은 함수 인자들이 있다. *args는 위치 가변 인자(*args)로 임의의 개수의 인자를 받는 함수를 가리키며, 가변 인자를 사용한다고 표현한다. **kwargs는 키워드(keyword) 가변 인자(**kwargs)로 함수는 임의의 개수의 키워드 인자도 받을 수 있다.

7.1. *args, **kwargs

```
def f(x, *args):
```

```
f= (1,2,3,4,5)
def f(x, *args):            # 추가적인 인자를 튜플로 전달한다.

    # x = 1
    # args = (2,3,4,5)
```

parameter 이름 앞의 * 를 붙인다. 임의의 개수의 인자 값들을 받아 tuple로 저장한다.

```
def  add_num (*args ):
    total_sum = 0
    for  x in  args :
        total_sum +=x
    return  total_sum
add_num (1 ,2 ,3 ,4 ,5 ,6 ,7 ,8 ,9 ,10 )

55
```

```
def add_num(*args): # 내장함수를 사용하여 더욱 간단하게
return sum(args)
add_num(1,2,3,4)

10
```

튜플을 가변 인자로 확장할 수 있다.

```
numbers = (2,3,4)

f(1, *numbers)         # f(1,2,3,4)와 같음
```

키워드 가변 인자(**kwargs)

```
def f(x, y, **kwargs):
```

```
f=(2, 3, flag=True, mode='fast', header='debug')
def f(x, y, **kwargs): # 추가적인 키워드를 딕셔너리로 전달.

    # x -〉 2
    # y  〉 3
    # kwargs -〉 { 'flag': True, 'mode': 'fast', 'header': 'debug' }
```

**kargs : 사전dictionary을 통째로 변수로 받음

```
def price(**price):
        for key.value in price.items():
        print(f'가상화폐{key} 가격{value}')
coinprice (**price )

가상화폐 bitcoin    가격 50000000
가상화폐 etherium 가격  4000000
가상화폐 filecoin    가격     25000
```

```
def  coinprice (**price ):
    for  i  in  price :
        print (f '가상화폐 {i :〈17 s } 가격 {price [i 〉14 d }원')

coinprice (**price )

가상화폐 bitcoin        가격     50000000원
가상화폐 etherium      가격      4000000원
가상화폐 filecoin        가격         25000원
```

마찬가지로 딕셔너리를 키워드 인자로 확장할 수 있다.

```
options = {
    'color' : 'red',
    'delimiter' : ',',
    'width' : 400
}
f(data, **options)
# f(data, color='red', delimiter=',', width=400)
```

두 가지를 혼합한 형태로 임의의 개수의 가변 인자와 키워드 없는(non-keyword) 인자들을 받을 수 있다.

```
def f(*args, **kwargs):
```

```
f=(2, 3, flag=True, mode='fast', header='debug')
def f(*args, **kwargs):                          # 인자는 위치 및 키워드 요소로 분할
    # args = (2, 3)
    # kwargs -> { 'flag': True, 'mode': 'fast', 'header': 'debug' }
```

이 함수는 위치 또는 키워드 인자들의 어떠한 조합이라도 받을 수 있다. 래퍼 (wrapper)를 작성하거나 인자를 다른 함수에 전달하고자 할 때 사용하곤 한다.

```
def  count_price (*count ,**price ):              # 순서 바뀌면 안됨
    total = 0
    c = 0
    for  key , value in  price.items ():
        total+= count [c ]*value
        print (f '가상화폐 {key } {count [c ]}개',end='\n')
        c+=1
    print (f "총 가격: {total } 원")

count=[10 ,20 ,30 ]
price = {'bitcoin': 50000000 , 'etherium':4000000 , 'filecoin':25000 }
count_price (*count ,**price )

가상화폐 bitcoin    10개
가상화폐 etherium 20개
가상화폐 filecoin    30개
총 가격: 580750000 원
```

7.2. comprehension

list filtering

```
[x/2.0 for x 4,5,6]]

[2.0, 2.5, 3.0]
```

```
[x/2.0 for x 4,5,6] if x > 4]          # if 문도 가능함

[2.5, 3.0]
```

```
6[f"{2}*{x} = {2*x}" for x in range(1,10)]          # 구구단 2단 출력

['2*1 = 2',
 '2*2 = 4',
 '2*3 = 6',
 '2*4 = 8',
 '2*5 = 10',
```

```
 '2*6 = 12',
 '2*7 = 14',
 '2*8 = 16',
 '2*9 = 18']
```

Dict Comprehension

```
11coins = ['btc', 'eth', 'xrp']
total = dict ()  # 빈 사전
for coin in coins :    # 사전 추가
    total [coin.upper ()] = coin
print (total )

{'BTC': 'btc', 'ETH': 'eth', 'XRP': 'xrp'}
```

Set Comprehension

```
14coins = ['btc', 'eth', 'xrp']
total = set ()                    # 빈 사전
for coin in coins :        # 사전 추가
    total.add (coin.upper ())
print (total )

{'BTC', 'XRP', 'ETH'}
```

Gen Comprehension

```
16iterator = iter (['btc', 'eth', 'xrp'])
print (next (iterator ))
print (next (iterator ))
print (next (iterator ))

btc
eth
xrp
```

7.3. enumerate

enumerate() 함수는 인덱스(index)와 원소를 동시에 접근하면서 루프를 돌릴 수 있다.

```
idx =0                        # 사용 안할 때
for i in ['btc', 'eth', 'xrp']
    print (idx ,i )
    idx+=1
```

```
0 btc
1 eth
2 xrp
```

```
for idx , i  in  enumerate (['btc', 'eth', 'xrp'], start=0 ):
    print (idx , i )

0 btc
1 eth
2 xrp
```

```
for entry in enumerate (['A','B','C']):
    print (entry )

(0 ,'A')
(1 ,'B')
(2 ,'C')
```

enumerate() 함수는 기본적으로 인덱스와 원소로 이루어진 튜플(tuple)을 반환한다. 따라서 인덱스와 원소를 각각 다른 변수에 할당하고 싶다면 인자 풀기(unpacking)를 해야 한다.

```
for i , letter in enumerate (['A','B','C']):
    print (i , letter )

0 A
1 B
2 C
```

```
for i , letter in enumerate (['A','B','C'], start =101 ):
    print (i , letter )

101 A
102 B
103 C
```

```
for r , row in enumerate (matrix ):
    for c , letter in enumerate (row ):
        print (r , c , letter )

0 0 A
0 1 B
0 2 C
1 0 D
```

```
1 1 E
1 2 F
2 0 G
2 1 H
2 2 I
```

7.4. Zip

zip() 함수는 여러 개의 순회 가능한(iterable) 객체를 인자로 받고, 각 객체가 담고 있는 원소를 터플의 형태로 차례로 접근할 수 있는 반복자(iterator)를 반환한다.

```
for i, j in zip([1, 2, 3], ['a', 'b', 'c']):
    print(i, j)

1 a
2 b
3 c
```

```
numbers =[1 ,2 ,3 ]
letters =["A","B","C"]
for pair in zip (numbers , letters ):
    print (pair )

(1 ,'A')
(2 ,'B')
(3 ,'C')
```

```
numbers =[1 ,2 ,3 ]
letters =["A","B","C"]
for i in range (3 ):
    pair =(numbers [i ], letters [i ])
    print (pair )

(1 ,'A')
(2 ,'B')
(3 ,'C')
```

unzip은 zip() 함수로 엮어 놓은 데이터를 다시 해체(unzip)하고 싶을 때도 zip() 함수를 사용할 수 있다.

```
numbers =(1 ,2 ,3 )
letters =("A","B","C")
pairs =list (zip (numbers , letters ))
print (pairs )
```

```
[(1 ,'A'),(2 ,'B'),(3 ,'C')]
```

```
numbers , letters =zip (*pairs )
numbers

(1 ,2 ,3 )

letters

('A','B','C')
```

```
keys =[1 ,2 ,3 ]
values =["A","B","C"]
dict (zip (keys , values ))

{1 :'A', 2 :'B', 3 :'C'}
```

7.5. Lambda
단순한 표현식을 유도할 때 쓰인다.

```
lambda 매개변수 : 표현식
```

```
def hap (x, y ):
   return x + y
hap(10 , 20 )

30
```

람다 형식
```
(lambda x,y: x + y)(10 , 20 )

30
```

1) map()
리스트에서 요소를 하나씩 꺼내서 함수를 적용시킨 다음, 그 결과를 새로운 리스트
에 담아주는 함수이다.

```
map(함수, 리스트)
```

```
map (lambda x: x ** 2 , range (5))            # 실행 안됨

⟨map at 0x7fe352410d10⟩
```

```
list (map (lambda x: x ** 2 , range (5)))

[0, 1, 4, 9, 16]
```

```
a = [1.2, 2.5, 3.7, 4.6]
a = list(map(int, a))
a

[1, 2, 3, 4]
```

```
list(map(lambda x:x*2, [1,2,3]))

[2, 4, 6]
```

2) reduce()

시퀀스(문자열, 리스트, 튜플)의 요소들을 누적해서 함수에 적용시킨 후에 반환한다.

```
reduce(함수, 시퀀스)
```

```
from functools import reduce
reduce(lambda x, y: x + y, [0 , 1 , 2 , 3 , 4 ])

10
```

먼저 0과 1을 더하고, 그 결과에 2를 더하고, 거기다가 3을 더하고, 또 4를 더한 값을 돌려줍니다.

```
reduce(lambda x, y: y + x, 'abcde')

'edcba'
```

```
from functools import reduce
reduce(lambda x,y: x+y, [1,2,3])

6
```

```
def times2(x): return x*2
list(map(times2, [1,2,3]))
```

```
[2, 4, 6]
```

```
list (map (lambda  x :x*2 , [1 ,2 ,3 ]))
```

```
[2, 4, 6]
```

3) filter()

필터의 선언은 다음과 같다. 즉 리스트에 들어있는 원소를 함수에 적용시켜서 결과
가 참인 값들로 새로운 리스트를 만들어 준다.

```
filter(함수, 리스트)
```

0부터 9까지의 리스트 중에서 5보다 작은 것만 돌려주는 코드이다.

```
filter (lambda x: x 〈 5 , range (10 )) # 오류발생
```

```
〈filter at 0x7fe350bb6b10〉
```

```
list (filter (lambda x: x 〈 5 , range (10 )))
```

```
[0, 1, 2, 3, 4]
```

```
filter (lambda x: x % 2 , range (10 ))  # 오류
```

```
〈filter at 0x7fe34e97c910〉
```

```
list (filter (lambda x: x % 2 , range (10 )))
```

```
[1, 3, 5, 7, 9]
```

다양한 형태로 가능하다.

```
def add_element(x,y):       # return x+y  # 한 문장으로
    return x+y
print(add_element(1,2))
```

```
3
```

```
add_element = lambda x,y: x+y  # 람다를 사용하여
print(add_element(1,2))
```

4) 기타 기능

sort 기능

```
s = [10 ,1 ,7 ,3 ]
s.sort()
print(s)

[1,3,7,10]
```

```
s = [10 ,1 ,7 ,3 ]
s.sort(reverse=True )
print(s)

[10,7,3,1]
```

딕셔너리 정렬

```
[{'name': 'AA', 'price': 32.2 , 'shares': 100 },
{'name': 'IBM', 'price': 91.1 , 'shares': 50 },
{'name': 'CAT', 'price': 83.44 , 'shares': 150 },
{'name': 'MSFT', 'price': 51.23 , 'shares': 200 },
{'name': 'GE', 'price': 40.37 , 'shares': 95 },
{'name': 'MSFT', 'price': 65.1 , 'shares': 50 },
{'name': 'IBM', 'price': 70.44 , 'shares': 100 }]
```

키(key) 함수를 사용해 정렬 기준을 안내할 수 있다. 키 함수는 딕셔너리를 받아서 정렬 기준값을 반환한다

```
def stock_name (s):
return s['name']
s.sort(key=stock_name)
print(s)

[{'name': 'AA', 'price': 32.2, 'shares': 100},
{'name': 'CAT', 'price': 83.44, 'shares': 150},
{'name': 'GE', 'price': 40.37, 'shares': 95},
{'name': 'IBM', 'price': 91.1, 'shares': 50},
{'name': 'IBM', 'price': 70.44, 'shares': 100},
{'name': 'MSFT', 'price': 51.23, 'shares': 200},
{'name': 'MSFT', 'price': 65.1, 'shares': 50}]
```

콜백 함수(Callback Function)로 람다를 사용하면,

```
s.sort(key=lambda s: s['name'])
print(s)

[{'name': 'AA', 'price': 32.2, 'shares': 100},
{'name': 'CAT', 'price': 83.44, 'shares': 150},
{'name': 'GE', 'price': 40.37, 'shares': 95},
{'name': 'IBM', 'price': 91.1, 'shares': 50},
{'name': 'IBM', 'price': 70.44, 'shares': 100}, {
'name': 'MSFT', 'price': 51.23, 'shares': 200},
{'name': 'MSFT', 'price': 65.1, 'shares': 50}]
```

7.6. unpack

파이썬에서 unpacking의 가장 일반적인 사용 사례 중 하나는 병렬 할당 이다. 병렬 할당을 사용하면 반복 가능한 값을 하나의 우아한 문장으로 변수의 튜플(tuple) 또는 목록(list)에 할당 할 수 있다.
할당과 동일한 기능을 수행한다. 변수간 값 교환에서 탁월하다.

```
명칭=('btc','eos','luna','xrp')
발행국=['미국코인','중국코인','김치코인','기타코인']

a ,b ,c ,d = 명칭              # 튜플
e ,f ,g ,h = 발행국           # 리스트
print (a ,b ,c ,d , end='\n\n')
print (e ,f ,g ,h )

btc eos luna xrp
미국코인 중국코인 김치코인 기타코인
```

```
tmp=[1,2,3]
a = tmp[0]
b = tmp[1]
c = tmp[2]
print(a,b,c)

1 2 3
```

```
a,b,c=[1,2,3]
print(a,b,c)

1 2 3
```

파이썬 공식 문서에 보면 tuple을 설명하면서 packing, unpacking에 관한 내용이 마지막에 짤막하게 나온다.

```
num_tuple=(1,2,3,4,5)
*_,last = num_tuple
print(last)

5
```

8. class, module, package, library

이번 장에서는 파이썬의 고급 부분이다. 기본적인 개념을 잘 숙지하여야 한다. 붕어빵과 붕어 빵 틀 등으로 설명이 자주 되는 편이지만, 그와 유사한 과자를 만드는 과자 틀과 그것을 사용해 만든 과자로도 설명하면, 과자 틀은 클래스 (class), 과자 틀에 의해서 만들어진 과자는 객체(objéct)가 된다. 즉 클래스는 과자 틀과 비슷하다. 클래스(class)란 똑같은 무엇인가를 계속해서 만들어 낼 수 있는 틀이고, 객체(object)란 클래스로 만든 피조물 즉 과자를 뜻한다.

클래스로 만드는 객체에는 중요한 특징이 있다. 바로 객체마다 고유한 성격을 가진다는 것이다. 과자 틀로 만든 과자에 구멍을 뚫거나 조금 베어 먹더라도 다른 과자에는 아무 영향이 없는 것과 마찬가지로 동일한 클래스로 만든 객체들은 서로 전혀 영향을 주지 않는다.

객체와 인스턴스의 관계를 보면, 클래스로 만든 객체를 인스턴스라 한다. 그렇다면 객체와 인스턴스의 차이는 a = coins()에서 a는 객체이고 a 객체는 coin의 인스턴스이다. 즉 인스턴스라는 말은 특정 객체(a)가 어떤 클래스(coin)의 객체인지를 설명할 때 사용한다. 즉 a는 인스턴스라기 보다는 a는 객체로 표현한다. a는 coin의 객체라고 하기보다는 a는 coin의 인스턴스라고 하는 표현을 사용한다.

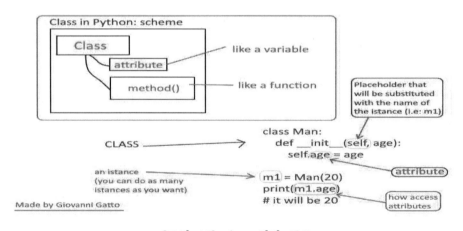

[그림 15] class 일반 구조

클래스를 사용하지 않고 함수 작성하면

```
def some_function (something ):
    print(something)
```

클래스를 이용하여 작성하면,

```
class SomeClass :
    def __init__(self,something ):
        self.something = something

    def some_function (self ):
        print(self.something)
```

클래스 구성을 사용하는 메리트는 글로벌 변수를 없애고, 모든 변수를 어떠한 스코프에 소속시킨다. 몇 번이고 재사용할 수 있다. 코드의 수정을 최소화한다. 또한 함수 실행중에, 함수 자신을 다시 호출하는 처리 등이 가능하게 하다.

8.1. 인스턴스와 메소드

인스턴스란 위에 설명하였듯이 클래스를 실체화한 것이다. 하나의 클래스에 대해서 인스턴스는 여러 개 생성하는 것도 가능하므로, 각각의 인스턴스에 각각 다른 데이터를 가지도록 할 수 있다. 인스턴스를 생성하는 것으로 클래스 내에 기재된 함수를 호출할 수 있다.

```
class SomeClass :
    def __init__(self,something ):
        self.something = something

    def some_function (self ):
        print(self.something)

a = SomeClass("some_value")

a.some_function()

some_value   # 함수에서 print 내장함수를 사용하고 있으므로 some_value가 리턴된다.
```

클래스 내에 기재되어 있는 함수를 다른 말로 메소드라고 부른다. 클래스 내에 여러 개의 메소드를 정의하는 것도 물론 가능하다.

```
class some_class :
    def __init__(self,something ):
        self.something = something

    def some_function1 (self ):        #메소드1
        print(self.something)
```

```
def some_function2 (self ):          #메소드2
    return self.something
```

class의 기본 포맷을 설명하면, 클래스 안에 있는 self는 인스턴스 자신, 그 시점의 자신, 또는 메소드(method)의 임의의 인수 등으로 불리고 있다. 인스턴스 자신이라는 의미로 이해하면 된다.

__init__는 self와 나란히 클래스 내에 등장한다. __init__는 클래스 인스턴스 생성시 초기화하며 실행되는 부분을 의미한다. 기능은 컨스트럭디(construct)라고 불리는 초기화를 위한 힘수(메소드)이고, 인스턴스화를 실시할 때 반드시 처음에 호출되는 특수한 함수로, 오브젝트 생성(인스턴스를 생성)과 관련하여 데이터의 초기를 실시하는 함수의 기능을 가진다.

__init__()은 반드시 첫 번째 인수로 self를 지정해야 한다. self에는 인스턴스 자체가 전달되어 있다. 이로 인해, 최초 메소드 내에 인스턴스 변수를 작성하거나, 참고하는 것이 가능해진다. 클래스를 생성할 때에 지정한 인수는 초기화 메소드의 2 번째부터 작성해 나가면 된다.

```
class SomeClass :
    def __init__(self,something ):          #constructor
        self.something = something
```

클래스 구성에서 정보를 유지하기 위한 중요한 구성이고, 이 구문에 의해 객체 생성할 때, 정보의 추가 기재를 간단히 할 수 있다. 예를 들어, 여러 개의 정보를 변수로하는 클래스 구문에서 처리가 가능하게 할 수 있다.

```
class MyStatus :
    def __init__(self,age,name,height,weight ):
        self.age = age
        self.name = name
        self.height = height
        self.weight = weight

    def print_name (self ):
        print(self.name)

    def print_age (self ):
        print(self.age)

    def print_height (self ):
        print(self.height)
```

```
    def print_weight (self ):
        print(self.weight)

a = MyStatus(14,"Satoshi",170,78)
```

8.2. 호출하기

```
class  Criptocurrency :
      def  __init__(self , brand , informations ):
        self ._brand = brand
        self ._informations = informations
      def  __str__(self ):
          return  f 'str : {self ._brand } - {self ._informations }'
      def  __repr__(self ):
          return  f 'repr : {self ._brand } - {self ._informations }'

Criptocurrency1 = Criptocurrency ('BTC', {'exchange' : 'Upbit', 'price': 40000000 })
Criptocurrency2 = Criptocurrency ('ETH', {'exchange' : 'Binance', 'price': 3000000 })

print (Criptocurrency1 )
print (Criptocurrency1.__dict__)

str : BTC - {'exchange': 'Upbit', 'price': 40000000}{'_brand': 'BTC', '_informations':
{'exchange': 'Upbit', 'price': 40000000}}

print (Criptocurrency1._brand == Criptocurrency2._brand )
print (Criptocurrency1 is  Criptocurrency2 )

False
False

print (Criptocurrency.__doc__)

None
```

class의 값을 보고 싶으면 __dict__을 사용한다.

```
print (Criptocurrency1)

str : BTC - {'exchange': 'Upbit', 'price'. 40000000}
```

```
print (Criptocurrency1.__dict__)

{'_brand': 'BTC', '_informations': {'exchange': 'Upbit', 'price': 40000000}}
```

__str__ 매직 메소드가 구현되어 있지 않은 상태에서 인스턴스를 print하면 object가 나온다.

```
print (Criptocurrency1.__str__)

<bound method Criptocurrency.__str__ of repr : BTC - {'exchange': 'Upbit', 'price': 40000000}>
```

```
print (Criptocurrency2.__str__)

<bound method Criptocurrency.__str__ of repr : ETH - {'exchange': 'Binance', 'price': 3000000}>
```

print() 또는 str() 함수를 호출할 때 사용한다. 기본적으로 str 메소드가 먼저 실행 되지만, str 메소드가 없으면 repr 메소드를 실행한다.

__repr__ 메소드는 str()과 비슷하다. 개발이나 엔지니어 레벨에서 객체의 엄격한 타입을 표현할 때 주로 사용한다. 객체 표현을 반환한다. repr() 함수가 호출할 때 사용한다.

```
print (Criptocurrency1.__repr__)

<bound method Criptocurrency.__repr__ of repr : BTC - {'exchange': 'Upbit', 'price': 40000000}>
```

```
print (Criptocurrency2.__repr__)

<bound method Criptocurrency.__repr__ of repr : ETH - {'exchange': 'Binance', 'price': 3000000}>
```

dir은 해당 인스턴스가 가진 모든 attribute를 list 형태로 보여준다. 값을 보여주 진 않는다.

```
dir(Criptocurrency )

['__class__', '__delattr__', '__dict__', '__dir__', '__doc__', '__eq__', '__format__', '__ge__',
'__getattribute__', '__gt__', '__hash__', '__init__', '__init_subclass__', '__le__', '__lt__',
'__module__', '__ne__', '__new__', '__reduce__', '__reduce_ex__', '__repr__', '__setattr__',
'__sizeof__', '__str__', '__subclasshook__', '__weakref__']
```

.__dict__는 특정 네임스페이스만 보고 싶을 때, .__dict__를 사용한 후, 특정 네 임스페이스로 접근할 수 있다.

```
print (Criptocurrency1._dict_)
```

str : BTC - {'exchange': 'Upbit', 'price': 40000000}{'_brand': 'BTC', '_informations':
{'exchange': 'Upbit', 'price': 40000000}}

.__doc__는 docstring을 출력한다.

```
print (Criptocurrency._doc_)
```

None

예를들면

```
class  Vehicle :
    def _init_(self, brand, model, category ):
        self.brand = brand
        self.model = model
        self.category = category
        self.gas_tank_size = 14
        self.fuel_level = 0

    def fuel_up (self ):
        self.fuel_level = self .gas_tank_size
        print (f'Gas tank is now full.')

    def drive (self ):
        print (f'The {self.model } is now driving.')

vehicle_object_1 = Vehicle ('Hundai', 'SONATA', 'Sedan')
vehicle_object_1=Vehicle ('Hundai','SONATA','Sedan')
print (vehicle_object_1._dict_)

{'brand': 'Hundai', 'model': 'SONATA', 'category': 'Sedan', 'gas_tank_size': 14, 'fuel_level': 0}
```

```
print (vehicle_object_1.brand )
print (vehicle_object_1.model )
print (vehicle_object_1.category )

Hundai
SONATA
Sedan

print (Vehicle._doc_)

None
```

- 119 -

calling methods

```
vehicle_object_1.fuel_up()
vehicle_object_1.drive()

Gas tank is now full.
The SONATA is now driving.
```

multiple objects

```
an_sedan = Vehicle('Hundai', 'Sonata', 'Sedan')
an_suv = Vehicle('Ford', 'Explorer', 'SUV')
print (an_suv.brand )
print (an_suv.model )
print (an_suv.category )

Ford
Explorer
SUV
```

계산기 만들기

```
class FourCal :11)
    def setdata (self, first, second):
        self.first = first
        self.second = second

    def add (self):
        result= self.first + self.second
        return result

    def mul(self ):
        result=self.first * self.second
        return result

    def sub (self ):
        result=self .first-self.second
        return result

    def div(self ):
        result=self.first/self .second
        return result

a = FourCal ()
b = FourCal ()

a.setdata (4 , 2 )
```

---

11) Python 3부터는 class MyClass ():, class MyClass (object):, class MyClass:로 사용가능하다.

```
b.setdata (3 , 8 )

a.add (),a.mul (),a.sub (),a.div (),b.add (),b.mul (),b.sub (),b.div ()

(6, 8, 2, 2.0, 11, 24, -5, 0.375)
```

속성 값을 직접 변경(업데이트)하거나 속성 값을 가져오고 설정할 수 있는 방법을 통해 더 나은 속성 값을 업데이트할 수 있다.

8.3. update

```
cool_new_vehicle = Vehicle('Honda', 'Ridgeline', 'Truck')
print(cool_new_vehicle.fuel_level)
cool_new_vehicle.fuel_level = 7        # update
print(cool_new_vehicle.fuel_level)

0
7
```

update하는 방법

```
class Vehicle:
    def __init__(self, brand, model, category):
        self.brand = brand
        self.model = model
        self.category = category
        self.gas_tank_size = 14
        self.fuel_level = 0

    def fuel_up(self):
        self.fuel_level = self.gas_tank_size
        print('Gas tank is now full.')

    def drive(self):
        print(f'The {self.model} is now driving.')

    def update_fuel_level(self, new_level):
        if new_level <= self.gas_tank_size:
            self.fuel_level = new_level
            print(f'Now fuel level: {self.fuel_level}/{self.gas_tank_size}')
        else:
            print('Exceeded capacity')
```

```
cool_new_vehicle = Vehicle('Honda', 'Ridgeline', 'Truck')
```

```
cool_new_vehicle.update_fuel_level(10)
```

```
Now fuel level: 10/14
```

details 호출하기

```
class Criptocurrency:
    """
    Criptocurrency Class
    """
    criptocurrency_count = 0

    def __init__(self , brand , informations ):
        self ._brand = brand
        self ._informations=informations
        Criptocurrency.criptocurrency_count += 1

    def __str__(self ):
        return  f 'str : {self ._brand } - {self ._informations }'

    def __repr__(self ):
        return  f 'repr : {self ._brand } - {self ._informations }'

    def get_information (self ):
        print(f'Current Id : {id (self )}')
        print(f'Criptocurrency Detail Info:{self._brand}{self._informations.get("price")}')

    def __del__(self ):
        Criptocurrency.criptocurrency_count -= 1

Criptocurrency1=Criptocurrency ('BTC',{'exchange':'Upbit','price':40000000 })
print (Criptocurrency1 )
```

```
str : BTC - {'exchange': 'Upbit', 'price': 40000000}
```

```
Criptocurrency1
```

```
repr : BTC - {'exchange': 'Upbit', 'price': 40000000}
```

```
print (Criptocurrency1.__class__)
```

```
<class '__main__.Criptocurrency'>
```

```
Criptocurrency2=Criptocurrency('ETH',{'exchange':'Binance','price':3000000})
print (Criptocurrency2 )
```

```
str : ETH - {'exchange': 'Binance', 'price': 3000000}
```

Criptocurrency2

repr : ETH - {'exchange': 'Binance', 'price': 3000000}

Criptocurrency1.get_information ()

Current Id : 140614250975952Criptocurrency Detail Info:BTC40000000

Criptocurrency2.get_information ()

Current Id : 140614251428816Criptocurrency Detail Info:ETH3000000

print(Criptocurrency1.__class__, Criptocurrency2.__class__)
<class '__main__.Criptocurrency'> <class '__main__.Criptocurrency'>

print(id(Criptocurrency1.__class__) == id(Criptocurrency2.__class__))
True

print(Criptocurrency.__dict__)

{'__module__': '__main__', '__doc__': '\n Criptocurrency Class\n ', '__init__': <function Criptocurrency.__init__ at 0x7fe34e7ed9e0>, '__str__': <function Criptocurrency.__str__ at 0x7fe34e7f2b00>, '__repr__': <function Criptocurrency.__repr__ at 0x7fe34e7f2e60>, 'get_information': <function Criptocurrency.get_information at 0x7fe34e7f2b90>, '__dict__': <attribute '__dict__' of 'Criptocurrency' objects>, '__weakref__': <attribute '__weakref__' of 'Criptocurrency' objects>}

print(Criptocurrency1.__dict__)

{'_brand': 'BTC', '_informations': {'exchange': 'Upbit', 'price': 40000000}}

print(Criptocurrency2.__dict__)

{'_brand': 'ETH', '_informations': {'exchange': 'Binance', 'price': 3000000}}

print(dir(Criptocurrency1))

['__class__', '__delattr__', '__dict__', '__dir__', '__doc__', '__eq__', '__format__', '__ge__', '__getattribute__', '__gt__', '__hash__', '__init__', '__init_subclass__', '__le__', '__lt__', '__module__', '__ne__', '__new__', '__reduce__', '__reduce_ex__', '__repr__', '__setattr__', '__sizeof__', '__str__', '__subclasshook__', '__weakref__', '_brand', '_informations', 'get_information']

print(Criptocurrency.criptocurrency_count)

0

8.4. 클래스 상속

Class는 상속을 통해 자식 클래스에게 부모 클래스의 속성과 메소드를 물려줄 수 있다. 예를 들어 Criptocurrency Class가 있고, BTC Class, ETH Class 등이 있는 상황에서 BTC과 ETH가 가지는 속성(attribute)은 다를 수 있다. 또한 다중 상속도 가능하다.

```
class Criptocurrency:
    def __init__(self, brand, price):
        self._brand = brand
        self._price = price

    def __str__(self):
        return f'str : {self._brand} - {self._price}'

class BTC(Criptocurrency):
    def __init__(self, brand, price, founder):
        self._brand = brand
        self._price = price
        self.founder = founder

    def __str__(self):
        return f'str : {self.__class__.__name__} 가상화폐는 {self._brand}로 발행되었고,
{self._founder}가 만들었다. 현재 가격은 {self._price}이다'
```

```
eth = Criptocurrency('ETH', 4000000)
print(eth)

str : ETH - 4000000
```

```
btc = BTC('BTC', 50000000, 'Satoshi. N')
print(btc)

str : BTC 가상화폐는 BTC로 발행되었고, Satoshi. N가 만들었다. 현재 가격은 500000000이다
```

위의 Vehicle을 상속받으면

```
class ElectricVehicle(Vehicle):
    def __init__(self, brand, model, category):
        super().__init__(brand, model, category)
        self.battery_size = 85
        self.charge_level = 0

    def charge(self):
```

```
            self.charge_level = 100
            print('The vehicle is now charged.')

        def fuel_up(self):
            print('This vehicle has no fuel tank!')
```

child와 parent method 사용하기

```
electric_vehicle = ElectricVehicle('Tesla', 'Model 3', 'Car')
electric_vehicle.charge()

The vehicle is now charged.
```

```
electric_vehicle.drive()

The Model 3 is now driving.
```

```
electric_vehicle.fuel_up()

This vehicle has no fuel tank!
```

8.5. Setter와 Getter, Property

객체의 속성(attribute)를 다룰 때 사용할 수 있다. getter, setter는 객체의 속성을 읽고 변경할 때 사용한다. 참고로 객체(Object)는 속성(Attribute)와 Method로 구현되고, 자바 같은 객체 지향 언어에서 외부에서 바로 접근할 수 없는 private 객체 속성을 지원한다. 이런 언어에선 private 속성의 값을 읽고(get) 변경(set)하기 위해 getter와 setter를 사용한다. 파이썬은 모든 메서드가 public이기 때문에 getter와 setter 메소드가 없지만, 사용할 수는 있다.

```
class Criptocurrency:
    def __init__(self, brand, price):
        self._brand = brand
        self._price = price

    def get_price(self):
        return self._price

    def set_price(self, price):
        self._price = price
```

property는 파이썬에서는 속성에 직접 접근을 막기 위해 property를 사용한다. 데코레이터로 감싸서 사용한다.

```
class Criptocurrency:
    def __init__(self, brand, price):
        self._brand = brand
        self._price = price

    @property
    def price(self):
        return self._prico

    @price.setter
    def price(self, price):
        print(f"변경 전 가격 : {self._price}")
        self._price = price
        print(f"변경 후 가격 : {self._price}")

Criptocurrency1 = Criptocurrency("ETH", 4000000)
Criptocurrency1.price = 4000000
```

property를 사용하면 value의 제한을 들 수 있다. 예를 들면, Criptocurrency class에서 가격이 0원 미만일 경우 에러를 발생시킬 수 있다. property가 아니고 get, set으로 구현하면 에러가 발생하진 않는다.

이들을 사용하는 목적은 변수를 변경할 때 제한 사항을 두고 싶은 경우에 사용하고, getter, setter 함수를 만들지 않고 간단히 접근하기 위해서 사용한다.

```
class Criptocurrency:
    def __init__(self, brand, price):
        self._brand = brand
        self._price = price

    @property
    def price(self):
        return self._price

    @price.setter
    def price(self, price):
        if price < 0:
            raise ValueError("Price below 0 is not possible")
        print(f"변경 전 가격 : {self._price}")
        self._price = price
        print(f"변경 후 가격 : {self._price}")
```

```
Criptocurrency1 = Criptocurrency("ETH", 4000000)
Criptocurrency1.price = 4000000
Criptocurrency1.price = -1000
```

8.6. 모듈

모듈이란 함수나 변수 또는 클래스를 모아 놓은 파일이다. 모듈은 다른 파이썬 프로그램에서 불러와 사용할 수 있게끔 만든 파이썬 파일이고, 파이썬으로 프로그래밍을 할 때 굉장히 많은 모듈을 사용한다. 다른 사람들이 만들어 놓은 모듈을 사용할 수도 있고 직접 만들어서 사용할 수도 있다.

간단한 모듈을 만들어 보자.

```
# mode1.py                # 모듈 이름
def add(a, b):
    return a + b

def sub(a, b):
    return a-b
```

add와 sub 함수만 있는 파일 mode1.py를 만들고 colab에 마운트한다. mode1.py 파일을 호출한다. 파이썬 확장자 .py로 만든 파이썬 파일은 모두 모듈이다. mode1.py를 불러오기 위해 import mode1이라고 입력한다.

실수로 import mode1.py로 입력하지 않도록 주의하자. import는 이미 만들어 놓은 파이썬 모듈을 사용할 수 있게 해주는 명령어이다. mode1.py 파일에 있는 add 함수를 사용하기 위해서는 mode1.add처럼 모듈 이름 뒤에 . (도트 연산자)를 붙이고 함수 이름을 쓰면 된다.

```
import mode1
```

```
mode1.add (3 ,4 )

7
```

```
print(mode1.add(3, 4))

7

print(mode1.sub(4, 2))
```

import는 현재 디렉터리에 있는 파일이나 파이썬 라이브러리가 저장된 디렉터리에 있는 모듈만 불러올 수 있다. 파이썬 라이브러리는 파이썬을 설치할 때 자동으로 설치되는 파이썬 모듈을 말한다. 모듈 이름은 mod1.py에서 .py 확장자를 제거한 mode1만을 가리킨다.

때로는 mode1.add, mode1.sub처럼 쓰지 않고 add, sub처럼 모듈 이름 없이 함수 이름만 쓰고 싶은 경우도 있을 것이다. 이럴 때는 from 모듈 이름 import 모듈 함수를 사용하면 된다.

from 모듈이름 import 모듈함수

모듈 이름을 붙이지 않고 바로 해당 모듈의 함수를 쓸 수 있다.

```
from mode1 import add
add(3, 4)

7
```

mode1.py 파일의 add 함수만 사용할 수 있다. add 함수와 sub 함수를 둘 다 사용하고 싶다면

```
from mode1 import add, sub
```

from 모듈 이름 import 모듈 함수1, 모듈 함수2처럼 사용하는 것이다. 콤마로 구분하여 필요한 함수를 불러올 수 있다.

```
from mode1 import *
```

* 문자를 사용하는 방법이다. 파이선 정규 표현식에서 * 문자는 모든 것을 뜻한다.

```
# mod1.py

if __name__ == "__main__":
    print(add(1, 4))
    print(sub(4, 2))
```

if __name__ == "__main__"을 사용하면 mode1.py처럼 직접 이 파일을 실행했을 때는 __name__ == "__main__"이 참이 되어 if문 다음 문장이 수행된다. 반대로 대화형 인터프리터나 다른 파일에서 이 모듈을 불러서 사용할 때는 __name__ == "__main__"이 거짓이 되어 if문 다음 문장이 수행되지 않는다.

```
import mode1
```

파이썬의 __name__ 변수는 파이썬이 내부적으로 사용하는 특별한 변수 이름이다. 만약 mode1.py처럼 직접 mode1.py 파일을 실행할 경우 mode1.py의 __name__ 변수에는 __main__ 값이 저장된다. 하지만 파이썬 셸이나 다른 파이썬 모듈에서 mode1을 import 할 경우에는 mode1.py의 __name__ 변수에는 mode1.py의 모듈 이름 값 mode1이 저장된다.

```
import mode1
mode1.__name__
'mode1'
```

클래스나 변수 등을 포함한 모듈을 만들어 보자.

```
# mode2.py
PI = 3.141592

class Math:
    def solv(self, r):
        return PI * (r ** 2)

def add(a, b):
    return a+b
```

모듈은 원의 넓이를 계산하는 Math 클래스와 두 값을 더하는 add 함수, 원주율 값에 해당되는 PI 변수처럼 클래스, 함수, 변수 등을 모두 포함하고 있다.
파일 이름을 mode2.py로 저장하고, colab에 마운트한다.

```
import mode2
print(mode2.PI)
3.141592
```

mode2.PI처럼 입력해서 mode2.py 파일에 있는 PI 변수 값을 사용할 수 있다.

```
a = mode2.Math()
print(a.solv(2))

12.566368
```

mode2.py에 있는 Math 클래스를 사용하는 방법을 보면, 모듈 안에 있는 클래스를 사용하려면 .(도트 연산자)로 클래스 이름 앞에 모듈 이름을 입력해야 한다.

```
print(mode2.add(mode2.PI, 4.4))

7.541592
```

파이썬 파일에서 import mode2로 mode2 모듈을 불러와 사용할 수 있다.

```
# modetest.py
import mode2
result = mode2.add(3, 4)
print(result)
```

정상적으로 실행되기 위해서는 modetest.py 파일과 mode2.py 파일이 동일한 디렉터리에 있어야 한다.

명령 프롬프트 창에서는 /, \든 상관없지만, 소스 코드 안에서는 반드시 / 또는 \\ 기호를 사용해야 한다.

8.6. 패키지

패키지(Packages)는 도트(.)를 사용하여 파이썬 모듈을 계층적(디렉터리 구조)으로 관리할 수 있다. 예를 들어 모듈 이름이 A.B인 경우에 A는 패키지 이름이 되고 B는 A 패키지의 B모듈이 된다.(파이썬에서 모듈은 하나의 .py 파일이다.) 파이썬 패키지는 디렉터리와 파이썬 모듈로 구성된다.

단순하고 짧은 간단한 파이썬 프로그램이 아니라면 패키지 구조로 파이썬 프로그램을 만드는 것이 실용적이고, 공동 작업이나 유지 보수 등 여러 면에서 유리하다. 또한 패키지 구조로 모듈을 만들면 다른 모듈과 이름이 겹치더라도 더 안전하게 사용할 수 있다.

1) 패키지 기본 구성 요소

구글 드라이브의 content 디렉터리 밑에 game과 기타 서브 디렉터리를 생성하고
.py 파일들을 만들어야 한다.

```
import os , sys
from google.colab import drive
drive.mount ('/content/game')
my_path = '/content/game'
```

```
'/__init__.py'
'/sound/__init__.py'
'/sound/echo.py'
'/graphic/echo/__init__.py'
'/graphic/render.py'
```

pc에 저장할 경우

```
C:/game/__init__.py
C:/game/sound/__init__.py
C:/game/sound/echo.py
C:/game/graphic/__init__.py
C:/game/graphic/render.py
```

각 디렉터리에 __init__.py 파일을 만들고, 내용은 일단 비워 둔다.
echo.py 파일을 만든다.

```
# echo.py
def echo_test():
    print("echo")
```

render.py 파일을 만든다.

```
# render.py
def render_test():
    print("render")
```

game 패키지를 참조할 수 있도록 명령 프롬프트 창에서 set 명령어로
PYTHONPATH 환경 변수에 C:/ 디렉터리를 추가한다. 파이썬 인터프리터
(Interactive shell)를 실행한다.

```
C:\> set PYTHONPATH=C:/
C:\> python
Type "help", "copyright", "credits" or "license" for more information.
```

2) 패키지 안의 함수 실행하기

패키지를 사용하여 echo.py 파일의 echo_test 함수를 실행하자. 패키지 안의 함수를 실행하는 방법은 3가지가 있다. 그러나 import 예제의 경우는 하나의 예제를 실행하고 다음 예제를 실행할 때에는 반드시 인터프리터를 종료하고 다시 실행해야 한다. 인터프리터를 다시 시작하지 않을 경우 이전에 import한 것들이 메모리에 남아 있어 엉뚱한 결과가 나올 수 있다. 윈도우의 경우 인터프리터 종료는 Ctrl+Z를 사용한다.

먼저 echo 모듈을 import하여 실행하는 방법이다.

```
# echo 모듈은 echo.py 파일이다.
import game.sound.echo
game.sound.echo.echo_test()
echo
```

둘째 echo 모듈이 있는 디렉터리까지를 from ... import하여 실행한다.

```
from game.sound import echo
echo.echo_test()
echo
```

세째 echo 모듈의 echo_test 함수를 직접 import하여 실행한다.

```
from game.sound.echo import echo_test
echo_test()
echo
```

그러나 아래의 경우는 echo_test 함수를 사용할 수 없다.

```
# 반드시 파이썬 인터프리터를 종료하고 다시 실행해야 한다.
import game
game.sound.echo.echo_test()

Traceback (most recent call last):
    File "⟨stdin⟩", line 1, in ⟨module⟩
AttributeError: 'module' object has no attribute 'sound'
```

import game을 수행하면 game 디렉터리의 __init__.py에 정의한 것만 참조할 수 있다.

```
# echo_test 함수를 사용하는 것도 불가능하다.
import game.sound.echo.echo_test
```

```
Traceback (most recent call last):
    File "⟨stdin⟩", line 1, in ⟨module⟩
ImportError: No module named echo_test
```

도트 연산자(.)를 사용해서 import a.b.c처럼 import할 때 가장 마지막 항목인 c 는 반드시 모듈 또는 패키지여야만 한다.

__init__.py 파일은 해당 디렉터리가 패키지의 일부임을 알려주는 역할을 한다. 만 약 game, sound, graphic 등 패키지에 포함된 디렉터리에 __init__.py 파일이 없다면 패키지로 인식되지 않는다.

```
from game.sound import *
echo.echo_test()

Traceback (most recent call last):
    File "⟨stdin⟩", line 1, in ⟨module⟩
NameError: name 'echo' is not defined
```

game.sound 패키지에서 모든 것(*)을 import하였다. echo 모듈을 사용할 수 있 지만, echo라는 이름이 정의되지 않았다는 이름 오류(NameError)가 발생한다. 즉 특정 디렉터리의 모듈을 *를 사용하여 import할 때에 해당 디렉터리의 __init__.py 파일에 __all__ 변수를 설정하고 import할 수 있는 모듈을 정의해야 한다.

```
# C:/game/sound/__init__.py

__all__ = ['echo']
```

__all__이 의미하는 것은 sound 디렉터리에서 * 기호를 사용하여 import할 경우 이곳에 정의된 echo 모듈만 import된다는 의미이다.
from game.sound.echo import * 는 __all__과 상관없이 무조건 import된다. 이렇게 __all__과 상관없이 무조건 import되는 경우는 from a.b.c import * 에서 from의 마지막 항목인 c가 모듈인 경우이다.

```
from game.sound import *
echo.echo_test()
echo
```

graphic 디렉터리의 render.py 모듈이 sound 디렉터리의 echo.py 모듈을 사용

하고자 한다면,

```
# render.py
from game.sound.echo import echo_test
def render_test():
    print("render")
    echo_test()
```

from game.sound.echo import echo_test 문장을 추가하여 echo_test 함수를 사용할 수 있도록 수정했다.

```
from game.graphic.render import render_test
render_test()
render
echo
```

```
# render.py
from ..sound.echo import echo_test

def render_test():
    print("render")
    echo_test()
```

from game.sound.echo import echo_test가 from ..sound.echo import echo_test로 변경되었다. ..은 render.py 파일의 부모 디렉터리를 의미한다. 따라서 render.py 파일의 부모 디렉터리는 game이므로 위와 같은 import가 가능한 것이다.

8.7. 라이브러리

파이썬 사용자들이 만든 유용한 프로그램을 모아 놓은 것이 파이썬 라이브러리이다. "라이브러리"는 원하는 정보를 찾아보는 곳이다. 모든 라이브러리를 다 알 필요는 없고 어떤 일을 할 때 어떤 라이브러리를 사용해야 한다는 정도만 알면 된다. 파이썬 라이브러리는 파이썬을 설치할 때 자동으로 컴퓨터에 설치한다.

sys, pickle, os, shutil, glob, tempfile, time, calendar, random, webbrowser,

sys 모듈은 파이썬 인터프리터가 제공하는 변수와 함수를 직접 제어할 수 있게 해 주는 모듈이다.

1) sys.exit(), os.environ

```
sys.exit()          # 강제로 스크립트 종료
```

sys.exit는 Ctrl+Z나   Ctrl+D를 눌러서 대화형 인터프리터를 종료하는 것과 같은 기능을 한다. 프로그램 파일 안에서 사용하면 프로그램을 중단시킨다.

sys.path는 파이썬 모듈들이 저장되어 있는 위치를 나타낸다.

```
import sys
sys.path          # 자신이 만든 모듈 불러
['',              # ''는 현재 디렉터리
'/content',
'/env/python',
'/usr/lib/python37.zip',
'/usr/lib/python3.7',
'/usr/lib/python3.7/lib-dynload',
'/usr/local/lib/python3.7/dist-packages',
'/usr/lib/python3/dist-packages',
'/usr/local/lib/python3.7/dist-packages/IPython/extensions',
'/root/.ipython']
```

파이썬 프로그램 파일에서 sys.path.append를 사용해 경로 이름을 추가할 수 있다. 파일 경로를 표시할 때 명령 프롬프트 창에서는 /, \든 상관없지만, 소스코드 안에서는 반드시 / 또는 \\ 기호를 사용해야 한다.

OS 모듈은 환경 변수나 디렉터리, 파일 등의 OS 자원을 제어할 수 있게 해주는 모듈이다. 내 시스템의 환경 변수값을 알고 싶을 때는 os.environ 사용한다. 시스템은 제각기 다른 환경 변수 값을 가지고 있는데, os.environ은 현재 시스템의 환경 변수 값을 보여 준다.

```
import os
os.environ

environ({'CUDNN_VERSION': '8.0.5.39', 'LD_LIBRARY_PATH': '/usr/local/nvidia/lib:
/usr/local/nvidia/lib64',....
```

os.environ은 환경 변수에 대한 정보를 딕셔너리 객체로 돌려준다. 시스템의 PATH 환경 변수 내용이다.

```
os.environ['PATH']
/opt/bin:/usr/local/nvidia/bin:/usr/local/cuda/bin:/usr/local/sbin:/usr/local/bin:/usr/sbin:/usr
```

```
/bin:/sbin:/bin:/tools/node/bin:/tools/google-cloud-sdk/bin
```

```
>>> os.chdir("C:\WINDOWS")          # 디렉터리 위치 변경하기
```

```
os.getcwd()      # 디렉터리 위치 돌려받기
```

시스템 자체의 프로그램이나 기타 명령어를 파이썬에서 호출하기도 한다. os.system("명령어")처럼 사용한다.

```
>>> os.system("dir")          # 시스템 명령어 호출하기
```

2) 유용한 os 관련 함수

기타 유용한 os 관련 함수로는 [표 8]과 같다.

함수	설명
os.mkdir(디렉토리)	디렉토리를 생성한다.
os.rmdir(디렉토리)	디렉토리를 삭제한다.단, 디렉토리가 비어있어야 삭제가 가능
os.unlink(파일)	파일을 지운다.
os.rename(stc, dst)	stc라는 이름의 파일을 dst라는 이름으로 바꾼다.

[표 8] 유용한 OS 함수

shutil은 파일을 복사해 주는 파이썬 모듈이다. stc라는 이름의 파일을 dst로 복사한다. 만약 dst가 디렉터리 이름이라면 src라는 파일 이름으로 dst 디렉터리에 복사하고 동일한 파일 이름이 있을 경우에는 덮어쓴다.

```
import shutil
shutil.copy("stc.txt", "dst.txt")
```

3) time.time()

시간과 관련된 time 모듈에는 함수가 굉장히 많다.

```
time.time
```

time.time()은 UTC(Universal Time Coordinated 협정 세계 표준시)를 사용하여 현재 시간을 실수 형태로 돌려주는 함수이다. 1970년 1월 1일 0시 0분 0초를 기준

으로 지난 시간을 초 단위로 돌려준다.

```
import time
time.time()

1654090724.982951
```

time.localtime은 time.time()이 돌려준 실수 값을 사용해서 연도, 월, 일, 시, 분, 초, ... 의 형태로 바꾸어 주는 함수이다.

```
time.localtime(time.time())

time.struct_time(tm_year=2022, tm_mon=6, tm_mday=1, tm_hour=13, tm_min=39,
tm_sec=33, tm_wday=2, tm_yday=152, tm_isdst=0)
```

time.localtime에 의해서 반환된 튜플 형태의 값을 인수로 받아서 날짜와 시간을 알아보기 쉬운 형태로 돌려주는 함수이다.

```
time.asctime(time.localtime(time.time()))

Wed Jun 1 13:40:18 2022
```

time.asctime(time.localtime(time.time()))은 time.ctime()을 사용해 간편하게 표시할 수 있다. ctime은 현재 시간만을 돌려준다.

```
time.ctime()

Wed Jun 1 13:41:27 2022
```

시간에 관계된 것을 표현하는 포맷 코드

포맷코드	설명	예
%a	요일 줄임말	Mon
%A	요일	Monday
%b	달 줄임말	Jan
%B	달	January
%c	날짜와 시간을 출력함	06/01/01 17:22:21
%d	날(day)	[01,31]

%H	시간(hour)-24시간 출력 형태	[00,23]
%I	시간(hour)-12시간 출력 형태	[01,12]
%j	1년 중 누적 날짜	[001,366]
%m	달	[01,12]
%M	분	[01,59]
%p	AM or PM	AM
%S	초	[00,59]
%U	1년 중 누적 주-일요일을 시작으로	[00,53]
%w	숫자로 된 요일	[0(일요일),6]
%W	1년 중 누적 주-월요일을 시작으로	[00,53]
%x	현재 설정된 로케일에 기반한 날짜 출력	06/01/01
%X	현재 설정된 로케일에 기반한 시간 출력	17:22:21
%Y	년도 출력	2001
%Z	시간대 출력	대한민국 표준시
%%	문자	%
%y	세기부분을 제외한 년도 출력	01

[표 9] time 포맷 코드

```
import time
time.strftime('%x', time.localtime(time.time()))

06/01/22
```

```
time.strftime('%c', time.localtime(time.time()))

Wed Jun 1 13:45:52 2022
```

time.sleep 함수는 주로 루프 안에서 많이 사용한다. 이 함수를 사용하면 일정한 시간 간격을 두고 루프를 실행할 수 있다.

```
import time
for i in range(10):
    print(i)
    time.sleep(1)
```

1초 간격으로 0부터 9까지의 숫자를 출력한다. time.sleep 함수의 인수는 실수 형태를 쓸 수 있다. 즉 1이면 1초, 0.5면 0.5초를 의미한다.

calendar는 파이썬에서 달력을 볼 수 있게 해주는 모듈이다. calendar.calendar (연도)로 사용하면 그 해의 전체 달력을 볼 수 있다.

```
import calendar
print(calendar.calendar(2015))
```

```
calendar.prmonth(2022, 12)
```

```
   December 2022
Mo Tu We Th Fr Sa Su
          1  2  3  4
 5  6  7  8  9 10 11
12 13 14 15 16 17 18
19 20 21 22 23 24 25
26 27 28 29 30 31
```

4) random.random()

random은 난수(규칙이 없는 임의의 수)를 발생시키는 모듈이다. random과 randint이 있다. 0.0에서 1.0 사이의 실수 중에서 난수 값을 반환한다.

```
import random
random.random()



0.7527926943574198
```

```
random.randint(1, 11) # 1에서 10 사이의 정수 중에서 난수 값
6
```

```
random.randint(1, 50)
23
```

random_pop 함수는 random 모듈의 choice 함수를 사용한다.

```
def random_pop(data):
    number = random.choice(data)
    data.remove(number)
    return number
```

random.choice 함수는 입력으로 받은 리스트에서 무작위로 하나를 반환한다. 리스트의 항목을 랜덤하게 섞을 때는 random.shuffle 함수를 사용한다.

```
import random
data = [1, 2, 3, 4, 5]
```

```
random.shuffle(data)
data

[5, 1, 3, 4, 2]
```

9. pandas

9.1. os.path()

os.path module의 File 관련 함수를 보면,

```
import os
data_path ='./content'
file_name = 'test.txt'
txt_path = os.path.join(data_path,file_name )
```

File 존재 확인하기

```
os.path.exists(txt_path)

True
```

 dicrectory 경로만 추출하기

```
os.path.dirname(txt_path)

'./content'
```

 파일 이름만 추출하기

```
os.path.basename(txt_path)
'test.txt'
```

 디렉토리와 파일로 구분

```
os.path.split(txt_path)

('./content', 'test.txt')
```

 확장자와 나머지로 구분

```
os.path.splitext(txt_path)

('./content'/test', '.txt')
```

 colab에서 File I/O

```
# 읽을 파일을 클릭하여 경로를 복사하여 붙인다.
import  pandas as  pd
pd.read_csv ("/content/sample_data/mnist_test.csv")
```

	7	0	0.1	0.2	0.3	0.4	0.5	0.6	0.7	0.8	...	0.65 8	0.65 9	0.66 0	0.66 1	0.66 2	0.66 3	0.66 4	0.66 5	0.66 6	0.66 7
0	2	0	0	0	0	0	0	0	0	0	...	0	0	0	0	0	0	0	0	0	0

1	1	0	0	0	0	0	0	0	0	0	...	0	0	0	0	0	0	0	0	0
2	0	0	0	0	0	0	0	0	0	0	...	0	0	0	0	0	0	0	0	0
3	4	0	0	0	0	0	0	0	0	0	...	0	0	0	0	0	0	0	0	0
4	1	0	0	0	0	0	0	0	0	0	...	0	0	0	0	0	0	0	0	0
...	...	...	...	...	...	...	...	...	...	...	...	...	...	...	...	...	...	...	...	...
9994	2	0	0	0	0	0	0	0	0	0	...	0	0	0	0	0	0	0	0	0
9995	3	0	0	0	0	0	0	0	0	0	...	0	0	0	0	0	0	0	0	0
9996	4	0	0	0	0	0	0	0	0	0	...	0	0	0	0	0	0	0	0	0
9997	5	0	0	0	0	0	0	0	0	0	...	0	0	0	0	0	0	0	0	0
9998	6	0	0	0	0	0	0	0	0	0	...	0	0	0	0	0	0	0	0	0

9999 rows × 785 columns

File 열기 / 닫기

```
import  pandas  as  pd
df=pd.read_csv ("/content/sample_data/mnist_test.csv")
df.to_csv ('test1.csv')
```

file 확인

```
pd.read_csv ('/content/test1.csv')
```

9.2. pandas

데이터 프레임 만들기

```
import pandas as pd                    # import
arr1 = [[0, 1, 2],
        [3, 4, 5],
        [6, 7, 8]]


arr2 = [[0,  1,  2],
        [3,  4,  5],
        [6,  7,  8],
        [9, 10, 11]]

df1 = pd.DataFrame(arr1, columns = list('bcd') )
df2 = pd.DataFrame(arr2, columns = list('bde'))
df1

, b, c, d
0, 0, 1, 2
1, 3, 4, 5
2, 6, 7, 8
```

```
df2
, b, d, e
0, 0, 1, 2
```

```
1, 3, 4, 5
2, 6, 7, 8
3, 9, 10, 11
```

데이터 프레임 결합하기

```
df = pd.merge(df1,df2,how='outer')          # merge outer
df

 , b, c,   d, e
0, 0, 1.0, 2, NaN
1, 3, 4.0, 5, NaN
2, 6, 7.0, 8, NaN
3, 0, NaN, 1, 2.0
4, 3, NaN, 4, 5.0
5, 6, NaN, 7, 8.0
6, 9, NaN, 10, 11.0
```

```
pd.concat([df1,df2],axis=1)

 , b,   c,   d,  b, d, e
0, 0.0, 1.0, 2.0, 0, 1, 2
1, 3.0, 4.0, 5.0, 3, 4, 5
2, 6.0, 7.0, 8.0, 6, 7, 8
3, NaN, NaN, NaN, 9, 10, 11
```

열추가 = merge outer

```
df

 , b, c, d,  e
0, 0, 1.0, 2, NaN
1, 3, 4.0, 5, NaN
2, 6, 7.0, 8, NaN
3, 0, NaN, 1, 2.0
4, 3, NaN, 4, 5.0
5, 6, NaN, 7, 8.0
6, 9, NaN, 10, 11.0
```

행추가, 열추가 # 개수가 맞아야됨

```
df['a'] = ['가','니','디','과','마','바','샤']
df
 , b, c, d, e,  a
0, 0, 1.0, 2, NaN, 가
1, 3, 4.0, 5, NaN, 나
2, 6, 7.0, 8, NaN, 다
3, 0, NaN, 1, 2.0, 라
```

```
4, 3, NaN, 4, 5.0, 마
5, 6, NaN, 7, 8.0, 바
6, 9, NaN, 10, 11.0, 사
```

행추가

list와 같이 .append()로 추가할 수 있습니다

```
a = list()
a.append('a')
print(a)
```

```
['a']
```

```
row_add=[{'a':1,'b':2,'c':3,'d':4,'e':5}]
df.append(row_add, ignore_index=True)
```

```
 , b,  c,  d,   e,  a
0, 0, 1.0, 2, NaN, 가
1, 3, 4.0, 5, NaN, 나
2, 6, 7.0, 8, NaN, 다
3, 0, NaN, 1, 2.0, 라
4, 3, NaN, 4, 5.0, 마
5, 6, NaN, 7, 8.0, 바
6, 9, NaN, 10, 11.0, 사
7, 2, 3.0, 4, 5.0, 1
```

```
df
```

```
 , b,  c,  d,   e,  a
0, 0, 1.0, 2, NaN, 가
1, 3, 4.0, 5, NaN, 나
2, 6, 7.0, 8, NaN, 다
3, 0, NaN, 1, 2.0, 라
4, 3, NaN, 4, 5.0, 마
5, 6, NaN, 7, 8.0, 바
6, 9, NaN, 10, 11.0, 사
```

저장,

```
df = df.append(row_add, ignore_index=True)
df
```

```
 , b,  c,  d,   e,  a
0, 0, 1.0, 2, NaN, 가
1, 3, 4.0, 5, NaN, 나
2, 6, 7.0, 8, NaN, 다
3, 0, NaN, 1, 2.0, 라
```

```
4, 3, NaN, 4, 5.0, 마
5, 6, NaN, 7, 8.0, 바
6, 9, NaN, 10, 11.0, 사
7, 2, 3.0, 4, 5.0, 1
```

행삭제

```
df.drop([6],axis=0)                 # 행: axis=0

 , b, c,  d,  e,  a
0, 0, 1.0, 2, NaN, 가
1, 3, 4.0, 5, NaN, 나
2, 6, 7.0, 8, NaN, 다
3, 0, NaN, 1, 2.0, 라
4, 3, NaN, 4, 5.0, 마
5, 6, NaN, 7, 8.0, 바
7, 2, 3.0, 4, 5.0, 1
```

열삭제

```
df.drop(['b'],axis=1)               # 열: axis=1

 , c,  d,  e,  a
0, 1.0, 2, NaN, 가
1, 4.0, 5, NaN, 나
2, 7.0, 8, NaN, 다
3, NaN, 1, 2.0, 라
4, NaN, 4, 5.0, 마
5, NaN, 7, 8.0, 바
6, NaN, 10, 11.0, 사
7, 3.0, 4, 5.0, 1
```

```
df.drop(['b','d'],axis=1)

 , c,  e,  a
0, 1.0, NaN, 가
1, 4.0, NaN, 나
2, 7.0, NaN, 다
3, NaN, 2.0, 라
4, NaN, 5.0, 마
5, NaN, 8.0, 바
6, NaN, 11.0, 사
7, 3.0, 5.0, 1
```

9.3. 데이터 확인

head(), tail(), display(), sample()

```
df.head()

 , b,  c,  d,   e,  a
0, 0, 1.0, 2, NaN, 가
1, 3, 4.0, 5, NaN, 나
2, 6, 7.0, 8, NaN, 다
3, 0, NaN, 1, 2.0, 라
4, 3, NaN, 4, 5.0, 마
```

```
 display(df),
 , b,  c,  d,  e, a
0, 0, 1.0, 2, NaN, 가
1, 3, 4.0, 5, NaN, 나
2, 6, 7.0, 8, NaN, 다
3, 0, NaN, 1, 2.0, 라
4, 3, NaN, 4, 5.0, 마
5, 6, NaN, 7, 8.0, 바
6, 9, NaN, 10, 11.0, 사
7, 2, 3.0, 4, 5.0, 1
```

```
df.tail()

 , b,  c,  d,   e,  a
3, 0, NaN, 1, 2.0, 라
4, 3, NaN, 4, 5.0, 마
5, 6, NaN, 7, 8.0, 바
6, 9, NaN, 10, 11.0, 사
7, 2, 3.0, 4, 5.0, .1
```

```
df.sample()

 , b,  c,  d, e, a
3, 0, NaN, 1, 2.0, 라
```

9.4. 데이터 기초정보 확인

형태와 차원 확인하기

```
df
```

```
 , b,  c,   d,  e,   a
0, 0, 1.0,  2, NaN,  가
1, 3, 4.0,  5, NaN,  나
2, 6, 7.0,  8, NaN,  다
3, 0, NaN,  1, 2.0,  라
4, 3, NaN,  4, 5.0,  마
5, 6, NaN,  7, 8.0,  바
6, 9, NaN, 10, 11.0, 사
7, 2, 3.0,  4, 5.0,  1
```

```
print('형태: ', df.shape)
print('차원:', df.ndim)
print('총 원소의 갯수:', df.size)

형태: (8, 5)
차원: 2
총 원소의 갯수: 40
```

```
df.info()
〈class 'pandas.core.frame.DataFrame'〉
Int64Index: 7 entries, 0 to 6
Data columns (total 5 columns):
 #   Column  Non-Null Count  Dtype
---  ------  --------------  -----
 0   b       7 non-null      int64
 1   c       3 non-null      float64
 2   d       7 non-null      int64
 3   e       4 non-null      float64
 4   a       7 non-null      object
dtypes: float64(2), int64(2), object(1)
memory usage: 656.0+ bytes
```

기초 통계량

```
df.describe()

    ,        b,    c,         d,         e
count, 8.000000, 4.00, 8.000000,  5.000000
mean,  3.625000, 3.75, 5.125000,  6.200000
std,   3.159453, 2.50, 3.044316,  3.420526
min,   0.000000, 1.00, 1.000000,  2.000000
25%,   1.500000, 2.50, 3.500000,  5.000000
50%,   3.000000, 3.50, 4.500000,  5.000000
75%,   6.000000, 4.75, 7.250000,  8.000000
max,   9.000000, 7.00, 10.000000 11.000000
```

9.5. 결측치 처리

결측값(NaN)가 있을 경우 머신러닝 모델을 작동 시킬 수 없다. 그러므로 처리하거나 변환을 시켜야 한다.

결측치 확인

```
isna()
```

True는 결측값(NaN) 표식이고, False는 데이터 값이 존재함을 나타낸다.

```
df.isna()

 ,   b,    c,    d,    e,    a
0, False, False, False, True, False
1, False, False, False, True, False
2, False, False, False, True, False
3, False, True, False, False, False
4, False, True, False, False, False
5, False, True, False, False, False
6, False, True, False, False, False
7, False, False, False, False, False
```

```
df.isna().sum()

b    0
c    4
d    0
e    3
a    0
dtype: int64
```

결측치 삭제

```
df.dropna()

 , b, c, d, e, a
7, 2, 3.0, 4, 5.0, 1
```

결측치 채우기

```
df

 , b, c, d, e, a
0, 0, 1.0, 2, NaN, 가
```

```
1, 3, 4.0, 5, NaN, 나
2, 6, 7.0, 8, NaN, 다
3, 0, NaN, 1, 2.0, 라
4, 3, NaN, 4, 5.0, 마
5, 6, NaN, 7, 8.0, 바
6, 9, NaN, 10, 11.0, 사
7, 2, 3.0, 4, 5.0, 1
```

```
df.fillna(0)

 , b,  c, d,  e,  a
0, 0, 1.0, 2, 0.0, 가
1, 3, 4.0, 5, 0.0, 나
2, 6, 7.0, 8, 0.0, 다
3, 0, 0.0, 1, 2.0, 라
4, 3, 0.0, 4, 5.0, 마
5, 6, 0.0, 7, 8.0, 바
6, 9, 0.0, 10, 11.0, 사
7, 2, 3.0, 4, 5.0, 1
```

```
df.fillna(df.mean(axis=0))

 , b,  c, d,  e,  a
0, 0, 1.00, 2, 6.2, 가
1, 3, 4.00, 5, 6.2, 나
2, 6, 7.00, 8, 6.2, 다
3, 0, 3.75, 1, 2.0, 라
4, 3, 3.75, 4, 5.0, 마
5, 6, 3.75, 7, 8.0, 바
6, 9, 3.75, 10, 11.0, 사
7, 2, 3.00, 4, 5.0, 1
```

9.6. 데이터 인코딩

Pandas의 map 함수를 이용한다. map 함수를 이용하여, 데이터를 인코딩하는 방법은 다음과 같다.

.map({dictioinary 이용})

```
!conda install seaborn -y

import seaborn as sns
tips = sns.load_dataset('tips')
tips.head()
```

```
, total_bill, tip, sex, smoker, day, time, size
0, 16.99, 1.01, Female, No, Sun, Dinner, 2
1, 10.34, 1.66, Male, No, Sun, Dinner, 3
2, 21.01, 3.50, Male, No, Sun, Dinner, 3
3, 23.68, 3.31, Male, No, Sun, Dinner, 2
4, 24.59, 3.61, Female, No, Sun, Dinner, 4
```

```
tips['sex'].unique()
```

```
['Female', 'Male']
Categories (2, object): ['Female', 'Male']
```

```
tips['sex'].map({'Female': 1,
                 'Male': 0
                 })
```

```
0       1
1       0
2       0
3       0
4       1
       ..
239     0
240     1
241     0
242     0
243     1
Name: sex, Length: 244, dtype: category
Categories (2, int64): [0, 1]
```

```
tips
```

```
, total_bill, tip, sex, smoker, day, time, size
0, 16.99, 1.01, Female, No, Sun, Dinner, 2
1, 10.34, 1.66, Male, No, Sun, Dinner, 3
2, 21.01, 3.50, Male, No, Sun, Dinner, 3
3, 23.68, 3.31, Male, No, Sun, Dinner, 2
4, 24.59, 3.61, Female, No, Sun, Dinner, 4
..., ..., ..., ..., ..., ..., ..., ...
239, 29.03, 5.92, Male, No, Sat, Dinner, 3
240, 27.18, 2.00, Female, Yes, Sat, Dinner, 2
241, 22.67, 2.00, Male, Yes, Sat, Dinner, 2
242, 17.82, 1.75, Male, No, Sat, Dinner, 2
243, 18.78, 3.00, Female, No, Thur, Dinner, 2
244 rows × 7 columns
```

```
tips['sex'] = tips['sex'].map({'Female': 0,
                               'Male': 1
                              })


   , total_bill, tip, sex, smoker, day, time, size,
0, 16.99, 1.01, 0, No, Sun, Dinner, 2
1, 10.34, 1.66, 1, No, Sun, Dinner, 3
2, 21.01, 3.50, 1, No, Sun, Dinner, 3
3, 23.68, 3.31, 1, No, Sun, Dinner, 2
4, 24.59, 3.61, 0, No, Sun, Dinner, 4
..., ..., ..., ..., ..., ..., ..., ...
239, 29.03, 5.92, 1, No, Sat, Dinner, 3
240, 27.18, 2.00, 0, Yes, Sat, Dinner, 2
241, 22.67, 2.00, 1, Yes, Sat, Dinner, 2
242, 17.82, 1.75, 1, No, Sat, Dinner, 2
243, 18.78, 3.00, 0, No, Thur, Dinner, 2
244 rows × 7 columns
```

9.7. Scikit-learn의 LabelEncoder

feature 내 카테고리 개수가 너무 많은 경우 사용하는 방법으로, .unique() 중복되지 않는 값의 '개수', .nunique() 중복되지 않는 값을 '모두 나열'한다.

```
import seaborn as sns
iris = sns.load_dataset('iris')
iris.head()


   sepal_length, sepal_width petal_length   petal_width , species
0, 5.1, 3.5, , 1.4, 0.2, setosa
1, 4.9, 3.0, , 1.4, 0.2, setosa
2, 4.7, 3.2, , 1.3, 0.2, setosa
3, 4.6, 3.1, , 1.5, 0.2, setosa
4, 5.0, 3.6, , 1.4, 0.2, setosa
```

```
iris['species'].unique()

array(['setosa', 'versicolor', 'virginica'], dtype=object)
```

sklean에서 preprocessing모듈 속에 labelencoder 함수를 사용

```
from sklearn.preprocessing import LabelEncoder
le = LabelEncoder()  # 사용할 함수를 정의
```

```
encoded = le.fit_transform(iris['species']) # 인코딩을 하겠다(fit_transform)
encoded

array([0, 0, 0, 0, 0, 0, 0, 0, 0, 0, 0, 0, 0, 0, 0, 0, 0, 0, 0, 0, 0, 0, 0,
       0, 0, 0, 0, 0, 0, 0, 0, 0, 0, 0, 0, 0, 0, 0, 0, 0, 0, 0, 0, 0, 0, 0,
       0, 0, 0, 0, 1, 1, 1, 1, 1, 1, 1, 1, 1, 1, 1, 1, 1, 1, 1, 1, 1,
       1, 1, 1, 1, 1, 1, 1, 1, 1, 1, 1, 1, 1, 1, 1, 1, 1, 1, 1, 1, 1, 1,
       1, 1, 1, 1, 1, 1, 1, 1, 1, 1, 1, 1, 1, 2, 2, 2, 2, 2, 2, 2, 2, 2, 2,
       2, 2, 2, 2, 2, 2, 2, 2, 2, 2, 2, 2, 2, 2, 2, 2, 2, 2, 2, 2, 2, 2,
       2, 2, 2, 2, 2, 2, 2, 2, 2, 2, 2, 2, 2, 2, 2, 2, 2])
```

```
iris['species'] = encoded
iris.head()

  sepal_length, sepal_width petal_length  petal_width, species
0, 5.1, 3.5,   1.4, , 0.2, 0
1, 4.9, 3.0,   1.4, , 0.2, 0
2, 4.7, 3.2,   1.3, , 0.2, 0
3, 4.6, 3.1,   1.5, , 0.2, 0
4, 5.0, 3.6,   1.4, , 0.2, 0
```

9.8. 데이터 시각화

matplotlib를 backend로 사용하게 된다.

```
ts = pd.Series(np.random.randn(1000), #랜덤 값으로 1000개 행 생성.
               index=pd.date_range('1/1/2000', periods=1000))
ts.head()

2000-01-01  0.597485
2000-01-02  1.005741
2000-01-03  -0.013364
2000-01-04  0.496821
2000-01-05  1.373498
Freq: D, dtype: float64
```

누적합

```
ts = ts.cumsum()

2000-01-01  0.597485
2000-01-02  2.200712
2000-01-03  3.790574
2000-01-04  5.877258
2000-01-05  9.337440 ...
```

```
2002-09-22  4216.801230
2002-09-23  4214.454152
2002-09-24  4210.833031
2002-09-25  4206.370541
2002-09-26  4201.172040
Freq: D, Length: 1000, dtype: float64
```

.plot() 시각화

```
ts.plot()
```

⟨matplotlib.axes._subplots.AxesSubplot at 0x7fe6ae853250⟩

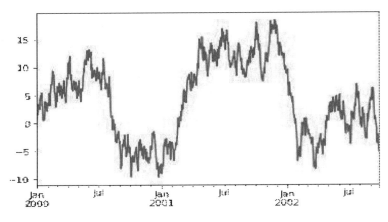

[그림 16] ts.plot() 시각화

9.9. pandas로 전처리

불러오기

```
import pandas as pd
import numpy as np12)
raw_data = pd.read_csv('/content/drive/MyDrive/파이썬기초데이터/water_quality.csv',
                encoding='CP949', # encoding problem utf-8
                    engine='python')
raw_data.head()

  , 연번, 약수터명, 동명, 총대장균군, 일반세균, 실신싱길ㄴ, 적합
0, 1, 백수, 모라, 양 성, 10.0, 6.7, 부적합
1, 2, 이칠, 모라, 음 성, 20.0, 0.9, 적합
```

---

12) https://drive.google.com/file/d/1D_1vc8yacvU5AEKEezwvAZtIxmWCiPez/view?usp=sharing
데이타는 링크를 따라 가세요.

```
2, 3, 운수사, 모라, 음 성, 10.0, 1.1, 적합
3, 4, 서당골, 모라, 음 성, 10.0, NaN, 적합
4, 5, 청수, 괘법, 음 성, 20.0, 2.7, 적합
```

```
raw_data.tail()

  , 연번, 약수터명, 동명, 총대장균군, 일반세균, 질산성질소, 적합
19, 20, 승학, 학장, 양 성, NaN, 0.3, 부적합
20, 21, 거북, 학장, 음 성, 20.0, 1.0, 적합
21, 22, 백련, 엄궁, 양 성, 40.0, 1.9, 부석합
22, 23, 불심, 엄궁, 음 성, 20.0, 1.7, 적힙
23, 24, 승학, 엄궁, 음 성, 20.0, 2.6, 적합
```

적합한 데이터만 가져온것

```
tmp = raw_data[raw_data['적합'] == '적합']

  , 연번, 약수터명, 동명, 총대장균군, 일반세균, 질산성질소, 적합,
1, 2, 이칠, 모라, 음 성, 20.0, 0.9, 적합
2, 3, 운수사, 모라, 음 성, 10.0, 1.1, 적합
3, 4, 서당골, 모라, 음 성, 10.0, NaN, 적합
4, 5, 청수, 괘법, 음 성, 20.0, 2.7, 적합
5, 6, 사상, 괘법, 음 성, 10.0, 2.2, 적합
7, 8, 삼각산, 괘법, 음 성, 10.0, 2.7, 적합
8, 9, 괘내, 괘법, 음 성, 20.0, 3.1, 적합
9, 10, 황씨묘위, 감전, 음 성, 10.0, 3.1, 적합
10, 11, 체육공원, 감전, 음 성, 20.0, 4.0, 적합
11, 12, 건강, 주례, 음 성, 10.0, 1.8, 적합
13, 14, 백양정, 주례, 음 성, 10.0, 7.5, 적합
15, 16, 복천, 주례, 음 성, 20.0, 2.4, 적합
16, 17, 밤골, 주례, 음 성, NaN, NaN, 적합
17, 18, 삼운정, 주례, 음 성, 20.0, 3.8, 적합
20, 21, 거북, 학장, 음 성, 20.0, 1.0, 적합
22, 23, 불심, 엄궁, 음 성, 20.0, 1.7, 적합
23, 24, 승학, 엄궁, 음 성, 20.0, 2.6, 적합
```

```
tmp.pivot_table(index = '약수터명',
               aggfunc = 'mean',
               values=['일반세균', '질산성질소'])

  , 일반세균, 질산성질소
약수터명, ,
거북, 20.0, 1.0
건강, 10.0, 1.8
괘내, 20.0, 3.1
백양정, 10.0, 7.5
복천, 20.0, 2.4
```

불심, 20.0, 1.7
사상, 10.0, 2.2
삼각산, 10.0, 2.7
삼운정, 20.0, 3.8
서당골, 10.0, NaN
승학, 20.0, 2.6
운수사, 10.0, 1.1
이칠, 20.0, 0.9
청수, 20.0, 2.7
체육공원, 20.0, 4.0
황씨묘위, 10.0, 3.1

pandas의 pivot_table() 함수를 이용해서 '약수터명' 변수를 index로(index = '약수터명'), values=['일반세균', '질산성질소']로 데이터 값(values)을 재구조화(pivot)하였다. pivot_table() 함수의 집계함수(aggregation function)의 디폴트 설정은 평균(aggfunc='mean')으로 되어있다.

결측치 확인

```
raw_data.isna()

index, 연번, 약수터명, 동명, 총대장균군, 일반세균, 질산성질소, 적합
0, false, false, false, false, false, false, false
1, false, false, false, false, false, false, false
2, false, false, false, false, false, false, false
3, false, false, false, false, false, true, false
4, false, false, false, false, false, false, false
.....
20, false, false, false, false, false, false, false
21, false, false, false, false, false, false, false
22, false, false, false, false, false, false, false
23, false, false, false, false, false, false, false
```

```
raw_data.isna().sum()

연번        , 0
약수터명      , 0
동명        , 0
총대장균군    , 0
일반세균      , 2
질산성질소     , 2
적합        , 0
dtype: int64
```

결측치 날리기

- 155 -

```
raw_data.dropna()
```

```
, 연번, 약수터명, 동명, 총대장균군, 일반세균, 질산성질소, 적합
0, 1, 백수, 모라, 양 성, 10.0, 6.7, 부적합
1, 2, 이칠, 모라, 음 성, 20.0, 0.9, 적합
2, 3, 운수사, 모라, 음 성, 10.0, 1.1, 적합
4, 5, 청수, 괘법, 음 성, 20.0, 2.7, 적합
....
18, 19, 무명, 주례, 음 성, 110.0, 0.7, 부적합
20, 21, 거북, 학장, 음 성, 20.0, 1.0, 적합
21, 22, 백련, 엄궁, 양 성, 40.0, 1.9, 부적합
22, 23, 불심, 엄궁, 음 성, 20.0, 1.7, 적합
23, 24, 승학, 엄궁, 음 성, 20.0, 2.6, 적합
```

결측치를 0으로 채우기

```
raw_data.fillna(0)
```

```
, 연번, 약수터명, 동명, 총대장균군, 일반세균, 질산성질소, 적합
0, 1, 백수, 모라, 양 성, 10.0, 6.7, 부적합
1, 2, 이칠, 모라, 음 성, 20.0, 0.9, 적합
2, 3, 운수사, 모라, 음 성, 10.0, 1.1, 적합
3, 4, 서당골, 모라, 음 성, 10.0, 0.0, 적합
4, 5, 청수, 괘법, 음 성, 20.0, 2.7, 적합
.....
19, 20, 승학, 학장, 양 성, 0.0, 0.3, 부적합
20, 21, 거북, 학장, 음 성, 20.0, 1.0, 적합
21, 22, 백련, 엄궁, 양 성, 40.0, 1.9, 부적합
22, 23, 불심, 엄궁, 음 성, 20.0, 1.7, 적합
23, 24, 승학, 엄궁, 음 성, 20.0, 2.6, 적합
```

결측치를 평균으로 채우기

```
raw_data.fillna(raw_data.mean())
```

```
, 연번, 약수터명, 동명, 총대장균군, 일반세균, , 질산성질소, 적합
0, 1, 백수, 모라, 양 성, 10.000000, 6.700000, 부적합
1, 2, 이칠, 모라, 음 성, 20.000000, 0.900000, 적합
2, 3, 운수사, 모라, 음 성, 10.000000, 1.100000, 적합
3, 4, 서당골, 모라, 음 성, 10.000000, 2.631818, 적합
4, 5, 청수, 괘법, 음 성, 20.000000, 2.700000, 적합
.....
19, 20, 승학, 학장, 양 성, 20.454545, 0.300000, 부적합
20, 21, 거북, 학장, 음 성, 20.000000, 1.000000, 적합
21, 22, 백련, 엄궁, 양 성, 40.000000, 1.900000, 부적합
22, 23, 불심, 엄궁, 음 성, 20.000000, 1.700000, 적합
23, 24, 승학, 엄궁, 음 성, 20.000000, 2.600000, 적합
```

9.10. interpolate na

각 열의 값을 보고 채우려면, axis=0으로 설정하고, pandas interpolate(보간법) 함수를 사용해서 결측치를 채운다. method='linear' 보간법 함수가 linear limit_direction='backward'는 뒤에서 부터 채워 오이고, limit_direction='forward'는 앞에서 채우고, limit_direction='both'는 양 옆에서 채워나간다.

```
raw_data.interpolate(method='linear', axis=0, limit_direction='both')

 , 연번, 약수터명, 동명, 총대장균군, 일반세균, 질산성질소, 적합
0, 1, 백수, 모라, 양 성, 10.0, 6.7, 부적합
1, 2, 이칠, 모라, 음 성, 20.0, 0.9, 적합
2, 3, 운수사, 모라, 음 성, 10.0, 1.1, 적합
3, 4, 서당골, 모라, 음 성, 10.0, 1.9, 적합
4, 5, 청수, 괘법, 음 성, 20.0, 2.7, 적합
5, 6, 사상, 괘법, 음 성, 10.0, 2.2, 적합
6, 7, 탑골, 괘법, 양 성, 10.0, 2.6, 부적합
7, 8, 삼각산, 괘법, 음 성, 10.0, 2.7, 적합
8, 9, 괘내, 괘법, 음 성, 20.0, 3.1, 적합
9, 10, 황씨묘위, 감전, 음 성, 10.0, 3.1, 적합
10, 11, 체육공원, 감전, 음 성, 20.0, 4.0, 적합
11, 12, 건강, 주례, 음 성, 10.0, 1.8, 적합
12, 13, 백양골, 주례, 양 성, 10.0, 2.8, 부적합
13, 14, 백양정, 주례, 음 성, 10.0, 7.5, 적합
14, 15, 승록정, 주례, 음 성, 20.0, 2.3, 부적합
15, 16, 복천, 주례, 음 성, 20.0, 2.4, 적합
16, 17, 밤골, 주례, 음 성, 20.0, 3.1, 적합
17, 18, 삼운정, 주례, 음 성, 20.0, 3.8, 적합
18, 19, 무명, 주례, 음 성, 110.0, 0.7, 부적합
19, 20, 승학, 학장, 양 성, 65.0, 0.3, 부적합
20, 21, 거북, 학장, 음 성, 20.0, 1.0, 적합
21, 22, 백련, 엄궁, 양 성, 40.0, 1.9, 부적합
22, 23, 불심, 엄궁, 음 성, 20.0, 1.7, 적합
23, 24, 승학, 엄궁, 음 성, 20.0, 2.6, 적합
```

결측치 확인

```
raw_data.isna().sum()

연번          0
약수터명       0
동명          0
총대장균군      0
일반세균       2
```

```
질산성질소      2
적합           0
dtype: int64
```

재할당

```
raw_data = raw_data.dropna()
raw_data
```

```
index, 연번, 약수터명, 동명, 총대장균군, 일반세균, 질산성질소, 적합
0, 1, 백수, 모라, 양 성, 10.0, 6.7, 부적합
1, 2, 이칠, 모라, 음 성, 20.0, 0.9, 적합
2, 3, 운수사, 모라, 음 성, 10.0, 1.1, 적합
4, 5, 청수, 괘법, 음 성, 20.0, 2.7, 적합
5, 6, 사상, 괘법, 음 성, 10.0, 2.2, 적합
6, 7, 탑골, 괘법, 양 성, 10.0, 2.6, 부적합
7, 8, 삼각산, 괘법, 음 성, 10.0, 2.7, 적합
8, 9, 괘내, 괘법, 음 성, 20.0, 3.1, 적합
9, 10, 황씨묘위, 감전, 음 성, 10.0, 3.1, 적합
10, 11, 체육공원, 감전, 음 성, 20.0, 4.0, 적합
11, 12, 건강, 주례, 음 성, 10.0, 1.8, 적합
12, 13, 백양골, 주례, 양 성, 10.0, 2.8, 부적합
13, 14, 백양정, 주례, 음 성, 10.0, 7.5, 적합
14, 15, 승록정, 주례, 음 성, 20.0, 2.3, 부적합
15, 16, 복천, 주례, 음 성, 20.0, 2.4, 적합
17, 18, 삼운정, 주례, 음 성, 20.0, 3.8, 적합
18, 19, 무명, 주례, 음 성, 110.0, 0.7, 부적합
20, 21, 거북, 학장, 음 성, 20.0, 1.0, 적합
21, 22, 백련, 엄궁, 양 성, 40.0, 1.9, 부적합
22, 23, 불심, 엄궁, 음 성, 20.0, 1.7, 적합
23, 24, 승학, 엄궁, 음 성, 20.0, 2.6, 적합
```

결측치 확인

```
raw_data.isna().sum()
```

```
연번           0
약수터명        0
동명           0
총대장균군       0
일반세균        0
질산성질소       0
적합           0
dtype: int64
```

labeling

```
print(raw_data['적합'].unique())
```

```
print(raw_data['총대장균군'].unique())

['부적합' '적합']
['양 성' '음 성']
```

```
raw_data['적합'] = raw_data['적합'].map({'부적합':0, '적합':1})
raw_data.head()

, 연번, 약수터명, 동명, 총대장균군, 일반세균, 질산성질소, 적합
0, 1, 백수, 모라, 양 성, 10.0, 6.7, 0
1, 2, 이칠, 모라, 음 성, 20.0, 0.9, 1
2, 3, 운수사, 모라, 음 성, 10.0, 1.1, 1
4, 5, 청수, 괘법, 음 성, 20.0, 2.7, 1
5, 6, 사상, 괘법, 음 성, 10.0, 2.2, 1
```

```
raw_data['총대장균군'] = raw_data['총대장균군'].map({'음 성':0, '양 성':1})

index, 연번, 약수터명, 동명, 총대장균군, 일반세균, 질산성질소, 적합
0, 1, 백수, 모라, 1, 10.0, 6.7, 0
1, 2, 이칠, 모라, 0, 20.0, 0.9, 1
2, 3, 운수사, 모라, 0, 10.0, 1.1, 1
4, 5, 청수, 괘법, 0, 20.0, 2.7, 1
5, 6, 사상, 괘법, 0, 10.0, 2.2, 1
6, 7, 탑골, 괘법, 1, 10.0, 2.6, 0
7, 8, 삼각산, 괘법, 0, 10.0, 2.7, 1
8, 9, 괘내, 괘법, 0, 20.0, 3.1, 1
9, 10, 황씨묘위, 감전, 0, 10.0, 3.1, 1
10, 11, 체육공원, 감전, 0, 20.0, 4.0, 1
11, 12, 건강, 주례, 0, 10.0, 1.8, 1
12, 13, 백양골, 주례, 1, 10.0, 2.8, 0
13, 14, 백양정, 주례, 0, 10.0, 7.5, 1
14, 15, 승록정, 주례, 0, 20.0, 2.3, 0
15, 16, 복천, 주례, 0, 20.0, 2.4, 1
17, 18, 삼운정, 주례, 0, 20.0, 3.8, 1
18, 19, 무명, 주례, 0, 110.0, 0.7, 0
20, 21, 거북, 학장, 0, 20.0, 1.0, 1
21, 22, 백련, 엄궁, 1, 40.0, 1.9, 0
22, 23, 불심, 엄궁, 0, 20.0, 1.7, 1
23, 24, 승학, 엄궁, 0, 20.0, 2.6, 1
```

sklean에서 preprocessing모듈 속에 labelencoder 함수를 사용

```
from sklearn.preprocessing import LabelEncoder
```

```
name_le = LabelEncoder()# 사용할 함수를 정의
name = name_le.fit_transform(raw_data['약수터명']) # 인코딩
name
```

```
array([ 5, 16, 15, 17, 10, 19, 11,  2, 20, 18,  1,  6,  7, 13,  8, 12,  3,
        0,  4,  9, 14])
```

```
dong_le = LabelEncoder() # 사용할 함수를 정의
dong = dong_le.fit_transform(raw_data['동명']) # 인코딩을 하겠다
dong
```

```
array([2, 2, 2, 1, 1, 1, 1, 1, 0, 0, 4, 4, 4, 4, 4, 4, 4, 5, 3, 3, 3])
```

```
raw_data['약수터명'] = name
raw_data['동명'] = dong
```

```
raw_data.head()

 , 연번, 약수터명, 동명, 총대장균군, 일반세균, 질산성질소, 적합
0, 1, 5, 2, 1, 10.0, 6.7, 0
1, 2, 16, 2, 0, 20.0, 0.9, 1
2, 3, 15, 2, 0, 10.0, 1.1, 1
4, 5, 17, 1, 0, 20.0, 2.7, 1
5, 6, 10, 1, 0, 10.0, 2.2, 1
```

```
raw_data

 , 연번, 약수터명, 동명, 총대장균군, 일반세균, 질산성질소, 적합
0, 1, 5, 2, 1, 10.0, 6.7, 0
1, 2, 16, 2, 0, 20.0, 0.9, 1
2, 3, 15, 2, 0, 10.0, 1.1, 1
4, 5, 17, 1, 0, 20.0, 2.7, 1
5, 6, 10, 1, 0, 10.0, 2.2, 1
6, 7, 19, 1, 1, 10.0, 2.6, 0
7, 8, 11, 1, 0, 10.0, 2.7, 1
8, 9, 2, 1, 0, 20.0, 3.1, 1
9, 10, 20, 0, 0, 10.0, 3.1, 1
10, 11, 18, 0, 0, 20.0, 4.0, 1
11, 12, 1, 4, 0, 10.0, 1.8, 1
12, 13, 6, 4, 1, 10.0, 2.8, 0
13, 14, 7, 4, 0, 10.0, 7.5, 1
14, 15, 13, 4, 0, 20.0, 2.3, 0
15, 16, 8, 4, 0, 20.0, 2.4, 1
17, 18, 12, 4, 0, 20.0, 3.8, 1
18, 19, 3, 4, 0, 110.0, 0.7, 0
20, 21, 0, 5, 0, 20.0, 1.0, 1
21, 22, 4, 3, 1, 40.0, 1.9, 0
22, 23, 9, 3, 0, 20.0, 1.7, 1
23, 24, 14, 3, 0, 20.0, 2.6, 1
```

9.11. pandas에서 json

pandas에서 json 불러오기
open notify api 이용

```
import requests
import pandas as pd
response = requests.get("http://api.open-notify.org/astros.json")
```

```
info= response.json() # 받아오기
people=info['people'] # pandas 사용
print(people)
```

[{'name': 'Mark Vande Hei', 'craft': 'ISS'}, {'name': 'Oleg Novitskiy', 'craft': 'ISS'}, {'name': 'Pyotr Dubrov', 'craft': 'ISS'}, {'name': 'Thomas Pesquet', 'craft': 'ISS'}, {'name': 'Megan McArthur', 'craft': 'ISS'}, {'name': 'Shane Kimbrough', 'craft': 'ISS'}, {'name': 'Akihiko Hoshide', 'craft': 'ISS'}, {'name': 'Nie Haisheng', 'craft': 'Tiangong'}, {'name': 'Liu Boming', 'craft': 'Tiangong'}, {'name': 'Tang Hongbo', 'craft': 'Tiangong'}]

```
df=pd.DataFrame(people)
print(f"There are {info['number']} people in the space right now ")
print(df.reindex(index=None, columns=['name','craft'])) # column과 index로 정렬
```

```
There are 10 people in the space right now
                name         craft
0     Mark Vande Hei          ISS
1     Oleg Novitskiy          ISS
2      Pyotr Dubrov          ISS
3     Thomas Pesquet          ISS
4     Megan McArthur          ISS
5    Shane Kimbrough          ISS
6    Akihiko Hoshide          ISS
7      Nie Haisheng     Tiangong
8       Liu Boming     Tiangong
9      Tang Hongbo     Tiangong
```

9.12. pandas xlsx

pandas에서 xlsx불러오기
데이터 적재 및 통합

```
import numpy as np # import
import pandas as pd
```

xlsx format read_excel로 읽기

```
data = pd.read_excel(' pd.read_excel('/content/drive/MyDrive/파이썬
                기초데이터/ NC Dinos.xlsx',sheet_name=None)13)
NC13, NC14, NC15 = data.values()
```

NC13.head()

Unnamed: 0, 선수명, 팀명, 경기, 타석, 타수, 안타, 홈런, 득점, 타점, 볼넷, 삼진, 도루, BABIP, 타율, 출루율, 장타율, OPS, wOBA, WAR
0, 0, 모창민, NC, 108, 436, 395, 109, 12, 57, 51, 37, 68, 16, 0.307, 0.276, 0.339, 0.443, 0.782, 0.353, 2.31
1, 1, 이호준, NC, 126, 508, 442, 123, 20, 46, 87, 60, 109, 2, 0.324, 0.278, 0.362, 0.475, 0.837, 0.373, 1.85
2, 2, 김종호, NC, 128, 546, 465, 129, 0, 72, 22, 57, 100, 50, 0.352, 0.277, 0.376, 0.333, 0.709, 0.339, 1.55
3, 3, 나성범, NC, 104, 458, 404, 98, 14, 55, 64, 33, 95, 12, 0.279, 0.243, 0.319, 0.416, 0.735, 0.329, 1.50
4, 4, 조영훈, NC, 120, 426, 380, 107, 6, 38, 39, 39, 56, 4, 0.316, 0.282, 0.350, 0.413, 0.763, 0.348, 0.83

NC14.head()

index, Unnamed: 0, 선수명, 팀명, 경기, 타석, 타수, 안타, 홈런, 득점, 타점, 볼넷, 삼진, 도루, BABIP, 타율, 출루율, 장타율, OPS, wOBA, WAR
0, 0, 테임즈, NC, 125, 514, 443, 152, 37, 95, 121, 58, 99, 11, 0.367, 0.343, 0.422, 0.688, 1.11, 0.456, 6.36
1, 1, 나성범, NC, 123, 536, 477, 157, 30, 88, 101, 43, 128, 14, 0.397, 0.329, 0.4, 0.597, 0.997, 0.424, 5.94
2, 2, 박민우, NC, 118, 491, 416, 124, 1, 87, 40, 56, 89, 50, 0.373, 0.298, 0.392, 0.399, 0.791, 0.365, 2.73
3, 3, 손시헌, NC, 97, 361, 307, 90, 5, 39, 39, 34, 53, 2, 0.331, 0.293, 0.368, 0.414, 0.782, 0.349, 1.52
4, 4, 지석훈, NC, 114, 238, 212, 58, 6, 26, 34, 16, 46, 1, 0.323, 0.274, 0.34, 0.462, 0.802, 0.352, 0.97

NC15.head()

index, Unnamed: 0, 선수명, 팀명, 경기, 타석, 타수, 안타, 홈런, 득점, 타점, 볼넷, 삼진, 도루, BABIP, 타율, 출루율, 장타율, OPS, wOBA, WAR
0, 0, 테임즈, NC, 142, 595, 472, 180, 47, 130, 140, 103, 91, 40, 0.39, 0.381, 0.497, 0.79, 1.287, 0.52, 11.73
1, 1, 나성범, NC, 144, 622, 564, 184, 28, 112, 135, 33, 127, 23, 0.374, 0.326, 0.373, 0.553, 0.926, 0.39, 4.46

---

13)   https://docs.google.com/spreadsheets/d/18UNypXV7zMkqruA-6ZhbWog5mXBhbPMR/edit?
usp=sharing&ouid=113632168343081826357&rtpof=true&sd=true

2, 2, 박민우, NC, 141, 617, 520, 158, 3, 111, 47, 73, 108, 46, 0.373, 0.304, 0.399, 0.404, 0.803, 0.364, 3.52

3, 3, 이호준, NC, 131, 518, 449, 132, 24, 48, 110, 61, 102, 0, 0.332, 0.294, 0.381, 0.51, 0.891, 0.381, 2.19

4, 4, 김종호, NC, 133, 486, 424, 125, 4, 90, 36, 44, 65, 41, 0.338, 0.295, 0.364, 0.394, 0.758, 0.34, 1.03

```
NC13 = NC13.drop('Unnamed: 0', axis=1)
NC13.head()
```

index, 선수명, 팀명, 경기, 타석, 타수, 안타, 홈런, 득점, 타점, 볼넷, 삼진, 도루, BABIP, 타율, 출루율, 장타율, OPS, wOBA, WAR

0, 모창민, NC, 108, 436, 395, 109, 12, 57, 51, 37, 68, 16, 0.307, 0.276, 0.339, 0.443, 0.782, 0.353, 2.31

1, 이호준, NC, 126, 508, 442, 123, 20, 46, 87, 60, 109, 2, 0.324, 0.278, 0.362, 0.475, 0.837, 0.373, 1.85

2, 김종호, NC, 128, 546, 465, 129, 0, 72, 22, 57, 100, 50, 0.352, 0.277, 0.376, 0.333, 0.709, 0.339, 1.55

3, 나성범, NC, 104, 458, 404, 98, 14, 55, 64, 33, 95, 12, 0.279, 0.243, 0.319, 0.416, 0.735, 0.329, 1.5

4, 조영훈, NC, 120, 426, 380, 107, 6, 38, 39, 39, 56, 4, 0.316, 0.282, 0.35, 0.413, 0.763, 0.348, 0.83

```
NC14 = NC14.drop('Unnamed: 0', axis=1)
NC14.head()
```

index, 선수명, 팀명, 경기, 타석, 타수, 안타, 홈런, 득점, 타점, 볼넷, 삼진, 도루, BABIP, 타율, 출루율, 장타율, OPS, wOBA, WAR

0, 테임즈, NC, 125, 514, 443, 152, 37, 95, 121, 58, 99, 11, 0.367, 0.343, 0.422, 0.688, 1.11, 0.456, 6.36

1, 나성범, NC, 123, 536, 477, 157, 30, 88, 101, 43, 128, 14, 0.397, 0.329, 0.4, 0.597, 0.997, 0.424, 5.94

2, 박민우, NC, 118, 491, 416, 124, 1, 87, 40, 56, 89, 50, 0.373, 0.298, 0.392, 0.399, 0.791, 0.365, 2.73

3, 손시헌, NC, 97, 361, 307, 90, 5, 39, 39, 34, 53, 2, 0.331, 0.293, 0.368, 0.414, 0.782, 0.349, 1.52

4, 지석훈, NC, 114, 238, 212, 58, 6, 26, 34, 16, 46, 1, 0.323, 0.274, 0.34, 0.462, 0.802, 0.352, 0.97

```
NC15.drop('Unnamed: 0', axis=1, inplace = True)
NC15.head()
```

index, 선수명, 팀명, 경기, 타석, 타수, 안타, 홈런, 득점, 타점, 볼넷, 삼진, 도루, BABIP, 타율, 출루율, 장타율, OPS, wOBA, WAR

0, 테임즈, NC, 142, 595, 472, 180, 47, 130, 140, 103, 91, 40, 0.39, 0.381, 0.497, 0.79, 1.287, 0.52, 11.73

1, 나성범, NC, 144, 622, 564, 184, 28, 112, 135, 33, 127, 23, 0.374, 0.326, 0.373, 0.553, 0.926, 0.39, 4.46
2, 박민우, NC, 141, 617, 520, 158, 3, 111, 47, 73, 108, 46, 0.373, 0.304, 0.399, 0.404, 0.803, 0.364, 3.52
3, 이호준, NC, 131, 518, 449, 132, 24, 48, 110, 61, 102, 0, 0.332, 0.294, 0.381, 0.51, 0.891, 0.381, 2.19
4, 김종호, NC, 133, 486, 424, 125, 4, 90, 36, 44, 65, 41, 0.338, 0.295, 0.364, 0.394, 0.758, 0.34, 1.03

```
NC13['연도'] = 2013
NC13.head()
```

index, 선수명, 팀명, 경기, 타석, 타수, 안타, 홈런, 득점, 타점, 볼넷, 삼진, 도루, BABIP, 타율, 출루율, 장타율, OPS, wOBA, WAR, 연도
0, 테임즈, NC, 125, 514, 443, 152, 37, 95, 121, 58, 99, 11, 0.367, 0.343, 0.422, 0.688, 1.11, 0.456, 6.36, 2013
1, 나성범, NC, 123, 536, 477, 157, 30, 88, 101, 43, 128, 14, 0.397, 0.329, 0.4, 0.597, 0.997, 0.424, 5.94, 2013
2, 박민우, NC, 118, 491, 416, 124, 1, 87, 40, 56, 89, 50, 0.373, 0.298, 0.392, 0.399, 0.791, 0.365, 2.73, 2013
3, 손시헌, NC, 97, 361, 307, 90, 5, 39, 39, 34, 53, 2, 0.331, 0.293, 0.368, 0.414, 0.782, 0.349, 1.52, 2013
4, 지석훈, NC, 114, 238, 212, 58, 6, 26, 34, 16, 46, 1, 0.323, 0.274, 0.34, 0.462, 0.802, 0.352, 0.97, 2013

```
NC14['연도'] = 2014
NC14.head() # 확인
NC15['연도'] = 2015
NC15.tail()
```

index, 선수명, 팀명, 경기, 타석, 타수, 안타, 홈런, 득점, 타점, 볼넷, 삼진, 도루, BABIP, 타율, 출루율, 장타율, OPS, wOBA, WAR, 연도
15, 이창섭, NC, 15, 8, 5, 0, 0, 0, 0, 3, 3, 0, 0.0, 0.0, 0.375, 0.0, 0.375, 0.286, -0.01, 2015
16, 김준완, NC, 30, 54, 44, 10, 0, 12, 2, 10, 10, 2, 0.294, 0.227, 0.37, 0.227, 0.597, 0.308, -0.04, 2015
17, 강구성, NC, 4, 5, 5, 1, 0, 0, 0, 0, 0, 0, 0.2, 0.2, 0.2, 0.4, 0.6, 0.242, -0.04, 2015
18, 강민국, NC, 1, 2, 2, 0, 0, 0, 0, 0, 1, 0, 0.0, 0.0, 0.0, 0.0, 0.0, 0.0, -0.06, 2015
19, 김태진, NC, 1, 3, 3, 0, 0, 0, 0, 0, 0, 0, 0.0, 0.0, 0.0, 0.0, 0.0, 0.0, -0.09, 2015

```
NCAll = pd.concat([NC13, NC14, NC15], axis=0, ignore_index=True)
```

```
NCAll.head()
```

index, 선수명, 팀명, 경기, 타석, 타수, 안타, 홈런, 득점, 타점, 볼넷, 삼진, 도루, BABIP, 타율, 출루율, 장타율, OPS, wOBA, WAR, 연도

0, 테임즈, NC, 125, 514, 443, 152, 37, 95, 121, 58, 99, 11, 0.367, 0.343, 0.422, 0.688, 1.11, 0.456, 6.36, 2013

1, 나성범, NC, 123, 536, 477, 157, 30, 88, 101, 43, 128, 14, 0.397, 0.329, 0.4, 0.597, 0.997, 0.424, 5.94, 2013

2, 박민우, NC, 118, 491, 416, 124, 1, 87, 40, 56, 89, 50, 0.373, 0.298, 0.392, 0.399, 0.791, 0.365, 2.73, 2013

3, 손시헌, NC, 97, 361, 307, 90, 5, 39, 39, 34, 53, 2, 0.331, 0.293, 0.368, 0.414, 0.782, 0.349, 1.52, 2013

4, 지석훈, NC, 114, 238, 212, 58, 6, 26, 34, 16, 46, 1, 0.323, 0.274, 0.34, 0.462, 0.802, 0.352, 0.97, 2013

2015년도 선수 기록을 '타율'로 내림차순 정렬

```
NC15.sort_values(by='타율', ascending=False)
```

index, 선수명, 팀명, 경기, 타석, 타수, 안타, 홈런, 득점, 타점, 볼넷, 삼진, 도루, BABIP, 타율, 출루율, 장타율, OPS, wOBA, WAR, 연도

0, 테임즈, NC, 142, 595, 472, 180, 47, 130, 140, 103, 91, 40, 0.39, 0.381, 0.497, 0.79, 1.287, 0.52, 11.73, 2015

12, 박정준, NC, 19, 24, 21, 8, 0, 2, 2, 0, 5, 0, 0.5, 0.381, 0.458, 0.476, 0.934, 0.417, 0.25, 2015

14, 조평호, NC, 22, 22, 22, 8, 1, 4, 3, 0, 6, 0, 0.467, 0.364, 0.364, 0.591, 0.955, 0.401, 0.18, 2015

1, 나성범, NC, 144, 622, 564, 184, 28, 112, 135, 33, 127, 23, 0.374, 0.326, 0.373, 0.553, 0.926, 0.39, 4.46, 2015

2, 박민우, NC, 141, 617, 520, 158, 3, 111, 47, 73, 108, 46, 0.373, 0.304, 0.399, 0.404, 0.803, 0.364, 3.52, 2015

4, 김종호, NC, 133, 486, 424, 125, 4, 90, 36, 44, 65, 41, 0.338, 0.295, 0.364, 0.394, 0.758, 0.34, 1.03, 2015

3, 이호준, NC, 131, 518, 449, 132, 24, 48, 110, 61, 102, 0, 0.332, 0.294, 0.381, 0.51, 0.891, 0.381, 2.19, 2015

8, 모창민, NC, 103, 239, 214, 62, 6, 23, 35, 18, 52, 5, 0.352, 0.29, 0.34, 0.439, 0.779, 0.34, 0.76, 2015

10, 용덕한, NC, 50, 49, 42, 12, 0, 4, 5, 5, 8, 2, 0.353, 0.286, 0.375, 0.31, 0.685, 0.326, 0.44, 2015

5, 조영훈, NC, 103, 146, 124, 35, 8, 20, 35, 19, 36, 3, 0.329, 0.282, 0.372, 0.54, 0.912, 0.389, 1.0, 2015

7, 이종욱, NC, 125, 504, 440, 118, 5, 63, 52, 54, 78, 17, 0.315, 0.268, 0.351, 0.368, 0.719, 0.322, 0.84, 2015

9, 지석훈, NC, 137, 466, 415, 111, 11, 53, 46, 23, 85, 4, 0.311, 0.267, 0.328, 0.383, 0.711, 0.317, 0.51, 2015

13, 김태군, NC, 141, 474, 421, 107, 6, 45, 52, 25, 77, 1, 0.293, 0.254, 0.307, 0.354, 0.661, 0.294, 0.25, 2015

11, 최재원, NC, 114, 102, 85, 21, 2, 31, 13, 10, 29, 14, 0.352, 0.247, 0.366, 0.412, 0.778, 0.35, 0.3, 2015

6, 손시헌, NC, 140, 508, 440, 108, 13, 56, 58, 36, 66, 3, 0.26, 0.245, 0.319, 0.398, 0.717, 0.316, 0.85, 2015

16, 김준완, NC, 30, 54, 44, 10, 0, 12, 2, 10, 10, 2, 0.294, 0.227, 0.37, 0.227, 0.597,

0.308, -0.04, 2015
　17, 강구성, NC, 4, 5, 5, 1, 0, 0, 0, 0, 0, 0, 0.2, 0.2, 0.2, 0.4, 0.6, 0.242, -0.04, 2015
　15, 이창섭, NC, 15, 8, 5, 0, 0, 0, 0, 3, 3, 0, 0.0, 0.0, 0.375, 0.0, 0.375, 0.286, -0.01, 2015
　18, 강민국, NC, 1, 2, 2, 0, 0, 0, 0, 0, 1, 0, 0.0, 0.0, 0.0, 0.0, 0.0, 0.0, -0.06, 2015
　19, 김태진, NC, 1, 3, 3, 0, 0, 0, 0, 0, 0, 0, 0.0, 0.0, 0.0, 0.0, 0.0, 0.0, -0.09, 2015

타석수가 200이상인 타자를 타율 순으로 내림차순

```
df=NCAll [NCAll ['타석'])=200 ]
df
```

index, 선수명, 팀명, 경기, 타석, 타수, 안타, 홈런, 득점, 타점, 볼넷, 삼진, 도루, BABIP, 타율, 출루율, 장타율, OPS, wOBA, WAR, 연도
　0, 모창민, NC, 108, 436, 395, 109, 12, 57, 51, 37, 68, 16, 0.307, 0.276, 0.339, 0.443, 0.782, 0.353, 2.31, 2013
　1, 이호준, NC, 126, 508, 442, 123, 20, 46, 87, 60, 109, 2, 0.324, 0.278, 0.362, 0.475, 0.837, 0.373, 1.85, 2013
　2, 김종호, NC, 128, 546, 465, 129, 0, 72, 22, 57, 100, 50, 0.352, 0.277, 0.376, 0.333, 0.709, 0.339, 1.55, 2013
　3, 나성범, NC, 104, 458, 404, 98, 14, 55, 64, 33, 95, 12, 0.279, 0.243, 0.319, 0.416, 0.735, 0.329, 1.5, 2013
　4, 조영훈, NC, 120, 426, 380, 107, 6, 38, 39, 39, 56, 4, 0.316, 0.282, 0.35, 0.413, 0.763, 0.348, 0.83, 2013
　15, 지석훈, NC, 104, 356, 309, 68, 3, 25, 35, 30, 82, 2, 0.285, 0.220, 0.3, 0.330, 0.630, 0.293, -0.09, 2013
　20, 테임즈, NC, 125, 514, 443, 152, 37, 95, 121, 58, 99, 11, 0.367, 0.343, 0.422, 0.688, 1.11, 0.456, 6.36, 2014
　21, 나성범, NC, 123, 536, 477, 157, 30, 88, 101, 43, 128, 14, 0.397, 0.329, 0.4, 0.597, 0.997, 0.424, 5.94, 2014
　22, 박민우, NC, 118, 491, 416, 124, 1, 87, 40, 56, 89, 50, 0.373, 0.298, 0.392, 0.399, 0.791, 0.365, 2.73, 2014
　23, 손시헌, NC, 97, 361, 307, 90, 5, 39, 39, 34, 53, 2, 0.331, 0.293, 0.368, 0.414, 0.782, 0.349, 1.52, 2014
　24, 지석훈, NC, 114, 238, 212, 58, 6, 26, 34, 16, 46, 1, 0.323, 0.274, 0.34, 0.462, 0.802, 0.352, 0.97, 2014
　25, 이호준, NC, 122, 500, 424, 115, 23, 59, 78, 67, 104, 2, 0.305, 0.271, 0.371, 0.481, 0.852, 0.369, 0.88, 2014
　26, 권희동, NC, 101, 252, 221, 63, 7, 39, 36, 25, 43, 6, 0.324, 0.285, 0.363, 0.443, 0.806, 0.353, 0.62, 2014
　27, 모창민, NC, 122, 468, 419, 110, 16, 62, 72, 37, 82, 14, 0.289, 0.263, 0.32, 0.413, 0.733, 0.319, 0.17, 2014
　28, 이종욱, NC, 124, 495, 438, 126, 6, 73, 79, 40, 60, 15, 0.313, 0.288, 0.343, 0.411, 0.754, 0.332, 0.13, 2014
　40, 테임즈, NC, 142, 595, 472, 180, 47, 130, 140, 103, 91, 40, 0.39, 0.381, 0.497, 0.79, 1.287, 0.52, 11.73, 2015
　41, 나성범, NC, 144, 622, 564, 184, 28, 112, 135, 33, 127, 23, 0.374, 0.326, 0.373, 0.553, 0.926, 0.39, 4.46, 2015

42, 박민우, NC, 141, 617, 520, 158, 3, 111, 47, 73, 108, 46, 0.373, 0.304, 0.399, 0.404, 0.803, 0.364, 3.52, 2015
43, 이호준, NC, 131, 518, 449, 132, 24, 48, 110, 61, 102, 0, 0.332, 0.294, 0.381, 0.51, 0.891, 0.381, 2.19, 2015
44, 김종호, NC, 133, 486, 424, 125, 4, 90, 36, 44, 65, 41, 0.338, 0.295, 0.364, 0.394, 0.758, 0.34, 1.03, 2015
46, 손시헌, NC, 140, 508, 440, 108, 13, 56, 58, 36, 66, 3, 0.26, 0.245, 0.319, 0.398, 0.717, 0.316, 0.85, 2015
47, 이종욱, NC, 125, 504, 440, 118, 5, 63, 52, 54, 78, 17, 0.315, 0.268, 0.351, 0.368, 0.719, 0.322, 0.84, 2015
48, 모창민, NC, 103, 239, 214, 62, 6, 23, 35, 18, 52, 5, 0.352, 0.29, 0.34, 0.439, 0.779, 0.34, 0.76, 2015
49, 지석훈, NC, 137, 466, 415, 111, 11, 53, 46, 23, 85, 4, 0.311, 0.267, 0.328, 0.383, 0.711, 0.317, 0.51, 2015
53, 김태군, NC, 144, 474, 421, 107, 6, 45, 52, 25, 77, 1, 0.293, 0.254, 0.307, 0.354, 0.661, 0.294, 0.25, 2015

```
df.describe ()
```

index, 경기, 타석, 타수, 안타, 홈런, 득점, 타점, 볼넷, 삼진, 도루, 출루율, wOBA, WAR, 연도
count, 25.0, 25.0, 25.0, 25.0, 25.0, 25.0, 25.0, 25.0, 25.0, 25.0, 25.0, 25.0, 25.0, 25.0
mean, 123.04, 464.56, 404.44, 116.56, 13.32, 63.68, 64.36, 44.08, 82.6, 15.24, 0.36095999999999995, 0.35752, 2.1364, 2014.16
std, 14.263823704276028, 104.70079592183943, 88.64398832784244, 33.482682090895885, 12.130265179843898, 28.58571904523889, 33.79334253961866, 19.758795509848262, 24.015619917045658, 16.666533332799997, 0.04179361992776728, 0.049815593274930826, 2.6276191378000986, 0.7999999999999997
min, 97.0, 238.0, 212.0, 58.0, 0.0, 23.0, 22.0, 16.0, 43.0, 0.0, 0.3, 0.293, −0.09, 2013.0
25%, 114.0, 436.0, 395.0, 107.0, 5.0, 45.0, 39.0, 33.0, 65.0, 2.0, 0.339, 0.329, 0.76, 2014.0
50%, 124.0, 491.0, 424.0, 115.0, 7.0, 57.0, 52.0, 39.0, 82.0, 11.0, 0.362, 0.349, 1.03, 2014.0
75%, 133.0, 514.0, 443.0, 129.0, 20.0, 87.0, 79.0, 57.0, 100.0, 17.0, 0.376, 0.369, 2.31, 2015.0
max, 144.0, 622.0, 564.0, 184.0, 47.0, 130.0, 140.0, 103.0, 128.0, 50.0, 0.497, 0.52, 11.73, 2015.0

```
df ['타율']=df ['타율'].astype ('category')
df.sort_values (by='타율', ascending=False )
```

index, 선수명, 팀명, 경기, 타석, 타수, 안타, 홈런, 득점, 타점, 볼넷, 삼진, 도루, BABIP, 타율, 출루율, 장타율, OPS, wOBA, WAR, 연도
4, 조영훈, NC, 120, 426, 380, 107, 6, 38, 39, 39, 56, 4, 0.316, 0.282, 0.35, 0.413, 0.763, 0.348, 0.83, 2013
1, 이호준, NC, 126, 508, 442, 123, 20, 46, 87, 60, 109, 2, 0.324, 0.278, 0.362, 0.475, 0.837, 0.373, 1.85, 2013

2, 김종호, NC, 128, 546, 465, 129, 0, 72, 22, 57, 100, 50, 0.352, 0.277, 0.376, 0.333, 0.709, 0.339, 1.55, 2013

0, 모창민, NC, 108, 436, 395, 109, 12, 57, 51, 37, 68, 16, 0.307, 0.276, 0.339, 0.443, 0.782, 0.353, 2.31, 2013

3, 나성범, NC, 104, 458, 404, 98, 14, 55, 64, 33, 95, 12, 0.279, 0.243, 0.319, 0.416, 0.735, 0.329, 1.5, 2013

15, 지석훈, NC, 104, 356, 309, 68, 3, 25, 35, 30, 82, 2, 0.285, 0.220, 0.3, 0.330, 0.630, 0.293, −0.09, 2013

40, 테임즈, NC, 142, 595, 472, 180, 47, 130, 140, 103, 91, 40, 0.39, 0.381, 0.497, 0.79, 1.287, 0.52, 11.73, 2015

20, 테임즈, NC, 125, 514, 443, 152, 37, 95, 121, 58, 99, 11, 0.367, 0.343, 0.422, 0.688, 1.11, 0.456, 6.36, 2014

21, 나성범, NC, 123, 536, 477, 157, 30, 88, 101, 43, 128, 14, 0.397, 0.329, 0.4, 0.597, 0.997, 0.424, 5.94, 2014

41, 나성범, NC, 144, 622, 564, 184, 28, 112, 135, 33, 127, 23, 0.374, 0.326, 0.373, 0.553, 0.926, 0.39, 4.46, 2015

42, 박민우, NC, 141, 617, 520, 158, 3, 111, 47, 73, 108, 46, 0.373, 0.304, 0.399, 0.404, 0.803, 0.364, 3.52, 2015

22, 박민우, NC, 118, 491, 416, 124, 1, 87, 40, 56, 89, 50, 0.373, 0.298, 0.392, 0.399, 0.791, 0.365, 2.73, 2014

44, 김종호, NC, 133, 486, 424, 125, 4, 90, 36, 44, 65, 41, 0.338, 0.295, 0.364, 0.394, 0.758, 0.34, 1.03, 2015

43, 이호준, NC, 131, 518, 449, 132, 24, 48, 110, 61, 102, 0, 0.332, 0.294, 0.381, 0.51, 0.891, 0.381, 2.19, 2015

23, 손시헌, NC, 97, 361, 307, 90, 5, 39, 39, 34, 53, 2, 0.331, 0.293, 0.368, 0.414, 0.782, 0.349, 1.52, 2014

48, 모창민, NC, 103, 239, 214, 62, 6, 23, 35, 18, 52, 5, 0.352, 0.29, 0.34, 0.439, 0.779, 0.34, 0.76, 2015

28, 이종욱, NC, 124, 495, 438, 126, 6, 73, 79, 40, 60, 15, 0.313, 0.288, 0.343, 0.411, 0.754, 0.332, 0.13, 2014

26, 권희동, NC, 101, 252, 221, 63, 7, 39, 36, 25, 43, 6, 0.324, 0.285, 0.363, 0.443, 0.806, 0.353, 0.62, 2014

24, 지석훈, NC, 114, 238, 212, 58, 6, 26, 34, 16, 46, 1, 0.323, 0.274, 0.34, 0.462, 0.802, 0.352, 0.97, 2014

25, 이호준, NC, 122, 500, 424, 115, 23, 59, 78, 67, 104, 2, 0.305, 0.271, 0.371, 0.481, 0.852, 0.369, 0.88, 2014

47, 이종욱, NC, 125, 504, 440, 118, 5, 63, 52, 54, 78, 17, 0.315, 0.268, 0.351, 0.368, 0.719, 0.322, 0.84, 2015

49, 지석훈, NC, 137, 466, 415, 111, 11, 53, 46, 23, 85, 4, 0.311, 0.267, 0.328, 0.383, 0.711, 0.317, 0.51, 2015

27, 모창민, NC, 122, 468, 419, 110, 16, 62, 72, 37, 82, 14, 0.289, 0.263, 0.32, 0.413, 0.733, 0.319, 0.17, 2014

53, 김태군, NC, 144, 474, 421, 107, 6, 45, 52, 25, 77, 1, 0.293, 0.254, 0.307, 0.354, 0.661, 0.294, 0.25, 2015

46, 손시헌, NC, 140, 508, 440, 108, 13, 56, 58, 36, 66, 3, 0.26, 0.245, 0.319, 0.398, 0.717, 0.316, 0.85, 2015

10. Numpy

Numpy는 C언어로 구현된 파이썬 라이브러리로써, 고성능의 수치계산을 위해 제작되었다. 즉 미리 컴파일된 Numpy의 수학 및 수치 함수와 기능이 뛰어난 실행 속도를 보장한다. Numerical Python의 줄임말이고, NumPy는 Python용 모듈로 넘파이 'nʌmpaɪ/(NUM-py)로 발음된다. Numpy는 벡터 및 행렬 연산에 있어서 매우 편리한 기능을 제공한다. 데이터분석을 할 때 사용되는 라이브러리인 pandas와 matplotlib의 기반으로 사용된다. numpy는 기본적으로 array라는 단위로 데이터를 관리하고 연산을 수행한다. 이 전 장에서 다루었듯이 array는 행렬(matrix)로 생각하면 된다.

NumPy는 다차원 배열과 행렬, 대수와 통계 등 수학 및 과학 연산을 위한 라이브러리이고, 'ndarray'라는 다차원 배열을 데이터로 나타내고 처리하는데 특화되어 있다. python의 기본 List에 비해 실행 속도가 빠르고 짧고 간결한 코드 구현이 가능하다. Numpy는 외부 라이브러리이므로, 설치 후 사용할 수 있다. 그러나 Colab이나 아나콘다에는 Numpy가 기본 설치되어 제공되므로, 별도로 설치할 필요가 없을 수 있다

SciPy(Scientific Python)는 NumPy와 비슷하지만, SciPy는 Numpy의 데이터 구조와 기본 생성 및 조작 기능을 기반으로 하기 때문에 Numpy가 필요하다. 최소화, 회귀, **푸리에 변환** 및 기타 여러 유용한 기능으로 NumPy의 기능을 확장한다.

10.1. 넘파이 Array 선언

먼저 넘파이를 불러온다.

```
import numpy as np        # numpy 사용하기
data1 =[1 ,2 ,3 ,4 ,5, 6]  # python list를 이용
data1

[1, 2, 3, 4, 5, 6]
```

```
data2 =[1 ,2 ,3 ,3.5 ,4, 5]         # python list를 이용
data2

[1, 2, 3, 3.5, 4, 5]
```

```
arr1 =np .array(data1)       # numpy를 이용하여 array 정의하기
```

```
arr1

array([1, 2, 3, 4, 5, 6])
```

```
arr1.shape                        # array의 형태(크기)를 확인

(6,)
```

```
arr2 =np .array ([1 ,2 ,3 ,4 ,5, 6]) # python list로 만들기
arr2

array([1, 2, 3, 4, 5, 6])
```

```
arr2 .shape

(6,)
```

```
arr2 .dtype# array의 자료형을 확인

dtype('int64')
```

```
arr3 =np .array (data2)
arr3

array([1. , 2. , 3. , 3.5, 4., 5. ])
```

```
arr3 .shape

(6,)
```

```
arr3 .dtype

dtype('float64')
```

```
arr4 =np .array ([[1 ,2 ,3 ],[4 ,5 ,6 ],[7 ,8 ,9 ],[10 ,11 ,12 ]])
arr4

array([[ 1,  2,  3],
       [ 4,  5,  6],
       [ 7,  8,  9],
       [10, 11, 12]])
```

```
arr4 .shape
```

(4, 3)

numpy shape는 numpy에서 해당 array의 크기를 알고자 할때, .shape을 사용함으로써 몇개의 데이터가 있는지, 몇 차원으로 존재하는지 등을 확인할 수 있다. arr1.shape의 결과는 (6,)으로써, 1차원의 데이터이며 총 6개의 크기를 갖고 있다. arr4.shape의 결과는 (4,3)으로써, 2차원의 데이터이며 4*3 크기를 갖고 있는 array이다.

numpy 자료형은 arr1이나 arr2는 int64라는 자료형을 갖는 것에 반해 arr3는 float64라는 자료형을 갖는다. 그 이유는 arr3 내부 데이터를 살펴보면 3.5라는 실수형 데이터를 갖고 있다. numpy에서 사용되는 자료형과 비트 크기를 확인 해보면, 1) 부호가 있는 정수 int(8, 16, 32, 64) 2) 부호가 없는 정수 uint(8 ,16, 32, 54) 3) 실수 float(16, 32, 64, 128) 4) 복소수 complex(64, 128, 256) 5) 불리언 bool 6) 문자열 string_ 7) 파이썬 오프젝트 object 8) 유니코드 unicode_ 등이 있다.

1) np.zeros(), np.ones(), np.arange() 함수
이들은 numpy에서 array를 정의할 때 사용하는 특이 함수들이다.

```
np .zeros (10 )              # np.zeros() 함수는 인자 크기만큼, 요소가 0인 array
array([0., 0., 0., 0., 0., 0., 0., 0., 0., 0.])
```

```
np .zeros ((3 ,5 ))

array([[0., 0., 0., 0., 0.],
       [0., 0., 0., 0., 0.],
       [0., 0., 0., 0., 0.]])
```

```
np .ones (9 )              # np.ones() 함수는 인자크기만큼, 요소가 1인 array

array([1., 1., 1., 1., 1., 1., 1., 1., 1.])
```

```
np .ones ((2 ,10 ))

array([[1., 1., 1., 1., 1., 1., 1., 1., 1., 1.],
       [1., 1., 1., 1., 1., 1., 1., 1., 1., 1.]])
```

```
np .arange (10 ) # np.arange() 함수는 인자값 만큼 1씩 증가하는 1차원 array

array([0, 1, 2, 3, 4, 5, 6, 7, 8, 9])
```

```
np.arange (3 ,10 ) # 하나의 인자만 입력하면 0 ~ 입력한 인자, 값 만큼의 크기를 가진다.

array([3, 4, 5, 6, 7, 8, 9])
```

2) Array 연산

기본적으로 numpy에서 연산을 할때는 크기가 서로 동일한 array 끼리 연산이 진행된다. 이때 같은 위치에 있는 요소들 끼리 연산이 진행된다.

```
arr1 =np .array ([[1 ,2 ,3 ],[4 ,5 ,6 ]])
arr1

array([[1, 2, 3],
       [4, 5, 6]])
```

```
arr1 .shape

(2, 3)
```

```
arr2 =np .array ([[10 ,11 ,12 ],[13 ,14 ,15 ]])
arr2

array([[10, 11, 12],
       [13, 14, 15]])
```

```
arr2 .shape

(2, 3)
```

array 덧셈
```
arr1 +arr2

array([[11, 13, 15],
       [17, 19, 21]])
```

array 뺄셈
```
arr1 -arr2

array([[-9, -9, -9],
       [-9, -9, -9]])
```

array 곱셈

```
arr1 *arr2 #행렬의 곱처럼 곱셈이 진행되는 것이 아니라 각 요소별로 곱셈이 진행된다.

array([[10, 22, 36],
       [52, 70, 90]])
```

array 나눗셈

```
arr1 /arr2

array([[0.1       , 0.18181818, 0.25      ],
       [0.30769231, 0.35714286, 0.4       ]])
```

3) array의 브로드 캐스트

array가 같은 크기를 가져야 서로 연산이 가능하다고 했지만, numpy에서는 브로드캐스트라는 기능을 제공한다. 브로드캐스트란 서로 크기가 다른 array가 연산이 가능하게 하는 것이다.

```
arr1

array([[1, 2, 3],
       [4, 5, 6]])

arr1 .shape

(2, 3)
```

```
arr3 =np .array ([10 ,11 ,12 ])
arr3

array([10, 11, 12])
```

```
arr3 .shape

(3,)
```

```
arr1 +arr3

array([[11, 13, 15],
       [14, 16, 18]])
```

```
arr1 *arr3

array([[10, 22, 36],
       [40, 55, 72]])
```

서로 크기가 다른 arr1과 arr3의 연산이 가능하다. 즉 연산 결과를 보면 arr3이 [10,11,12]에서 [[10,11,12],[10,11,12]]로 확장되어 계산되었음을 알 수 있다. 동일한 방식으로 하나의 array에 스칼라 연산도 가능하다.

```
arr1 *10

array([[10, 20, 30],
       [40, 50, 60]])
```

```
arr1 **2# 요소에 대해 제곱처리

array([[ 1,  4,  9],
       [16, 25, 36]])
```

10.2. Array 인덱싱

numpy에서 사용되는 인덱싱은 기본적으로 python 인덱싱과 동일하다. python과 마찬가지로 1번째로 시작하는 것이 아니라 0번째로 시작하는 것에 주의한다.

```
arr1 =np .arange (10 )
arr1

array([0, 1, 2, 3, 4, 5, 6, 7, 8, 9])
```

```
arr1 [0 ]                # 0번째 요소

0
```

```
arr1 [3 ]                # 3번째 요소

3
```

```
arr1 [3 :9 ]             # 3번째 요소부터 8번째 요소

array([3, 4, 5, 6, 7, 8])
```

```
arr1 [:]

array([0, 1, 2, 3, 4, 5, 6, 7, 8, 9])
```

1) 2차원이상 인덱싱

```
arr2 =np .array ([[1 ,2 ,3 ,4 ], #1차원이 아닌 그 이상의 차원에서도 인덱싱이 가능
                 [5 ,6 ,7 ,8 ],
                 [9 ,10 ,11 ,12 ]])
arr2

array([[ 1,  2,  3,  4],
       [ 5,  6,  7,  8],
       [ 9, 10, 11, 12]])
```

```
arr2 [0 ,0 ]        # 2차원의 array에서 인덱싱을 하기 위해선 2개의 인자를 입력

1
```

```
arr2 [2 ,:]                    # 2행의 모든 요소 꺼내기

array([ 9, 10, 11, 12])

arr2 [2 ,3 ]                   # 2행의 3번째 요소 꺼내기

12
```

```
arr2 [:,3 ]                    # 모든 행의 3번째 요소 꺼내기

array([ 4,  8, 12])
```

2) Array boolean 인덱싱(마스크)

다차원의 인덱싱을 응용하여 boolean 인덱싱을 할 수 있다. 해당 기능은 마스크라고 불리며, boolean 인덱싱을 통해 만들어낸 array를 통해 원하는 행 또는 열의 값만 뽑아낼 수 있다. 즉, 마스크처럼 가리고 싶은 부분은 가리고, 원하는 요소만 꺼낼 수 있다.

```
import  numpy as np
names =np .array (['Satoshi','Satoshi','Kenny','Jin','John','Satoshi','Bruce','Satoshi'])
```

```
names
```

```
array(['Satoshi', 'Satoshi', 'Kenny', 'Jin', 'John', 'Satoshi', 'Bruce',
       'Satoshi'], dtype='<U7')
```

```
names .shape
```

```
(8,)
```

```
data =np .random .randn(8 ,4 )
data
# np.random.randn() 함수는 기대값이 0이고, 표준편차가 1인 가우시안 정규 분포를 따르는 난수를
발생시키는 함수이다. cf. 0~1의 난수를 발생시키는 np.random.rand() 함수
```

```
array([[-1.25094238, -1.24146629, 1.01044268, 0.80956206],
       [ 0.23681192, 2.326422  , -0.89241828, 0.84878908],
       [-0.62673046, -1.30323481, 0.80178982, 0.89739148],
       [ 1.77725051, 0.48292133, 0.61308988, -0.9990966 ],
       [ 0.83647691, -0.02447088, -0.0208953 , -0.4407765 ],
       [-0.33616076, 1.53095822, 0.13914946, 0.69971755],
       [ 0.62850139, 1.32536095, -0.66381464, -0.52222421],
       [ 0.13697898, 0.54052525, 0.6497241 , 0.50723621]])
```

```
data .shape
```

```
(8, 4)
```

names와 data라는 array가 있고, names의 각 요소가 data의 각 행과 연결되므
로, names가 Satoshi인 행의 data만 확인하고자 할 때 마스크를 사용한다.

```
names_Satoshi_mask=(names =='Satoshi')
                              # 요소가 Satoshi인 항목에 대한 mask 생성
names_Satoshi_mask
```

```
array([ True,  True, False, False, False,  True, False,  True])
```

```
data [names_Satoshi_mask ,:]
```

```
array([[-1.25094238, -1.24146629, 1.01044268, 0.80956206],
       [ 0.23681192, 2.326422  , -0.89241828, 0.84878908],
       [-0.33616076, 1.53095822, 0.13914946, 0.69971755],
       [ 0.13697898, 0.54052525, 0.6497241 , 0.50723621]])
```

요소가 Satoshi인 것은 0번째, 1번째, 5번째, 7번째여서, data에서 0,1,5,7행의 모

든 요소를 꺼내온다. 요소가 Satoshi인 것에 대한 boolean 값을 가지는 mask를 만들었고 마스크를 인덱싱에 응용하여 data의 0,1,5,7행을 꺼냈다.

```
data [names =='Kenny',:]# 요소가 Kenny인 행의 데이터만 꺼내기

array([[-0.62673046, -1.30323481, 0.80178982, 0.89739148]])
```

```
data [(names =='Kenny')|(names =='Bruce'),:] # 논리 연산을 사용하여, 요소가 Kenny 또는
Bruce인 행의 데이터만 꺼내기

array([[-0.62673046, -1.30323481, 0.80178982, 0.89739148],
       [ 0.62850139, 1.32536095, -0.66381464, -0.52222421]])
```

data array에서 0번째 열의 값이 0보다 작은 행을 구해보자.

```
# 먼저 마스크를 만든다.
data [:,0 ]<0  # data array에서 0번째 열이 0보다 작은 요소의 boolean 값

array([ True, False,  True, False, False, False,  True, False])
```

```
data [data [:,0 ]<0 ,:]# 마스크를 이용하여 0번째 열의 값이 0보다 작은 행을 구한다.

array([[-1.25094238, -1.24146629, 1.01044268, 0.80956206],
       [-0.62673046, -1.30323481, 0.80178982, 0.89739148],
       [-0.33616076, 1.53095822, 0.13914946, 0.69971755]])
```

위에서 얻은, 0번째 열의 값이 0보다 작은 행의 2,3번째 열값에 0을 대입해보자.

```
data [data [:,0 ]<0 ,2 :4 ] # 0번째 열의 값이 0보다 작은 행의 2,3번째 열 값

array([[1.01044268, 0.80956206],
       [0.80178982, 0.89739148],
       [0.13914946, 0.69971755]])
```

```
data [data [:,0 ]<0 ,2 :4 ]=0
data

array([[-1.25094238, -1.24146629, 0. , 0. ],
       [ 0.23681192, 2.320422 , -0.89241828, 0.84878908],
       [-0.62673046, -1.30323481, 0. , 0. ],
       [ 1.77725051, 0.48292133, 0.61308988, -0.9990966 ],
       [ 0.83647691, -0.02447088, -0.0208953 , -0.4407765 ],
       [-0.33616076, 1.53095822, 0. , 0. ],
       [ 0.62850139, 1.32536095, -0.66381464, -0.52222421],
```

```
[ 0.13697898, 0.54052525, 0.6497241 , 0.50723621]])
```

10.3. Numpy 함수

numpy에는 array에 적용되는 다양한 함수가 있다.

1) 하나의 array에 적용되는 함수

```
arr1 =np .random .randn (5 ,3 )
arr1

array([[ 0.16760611, 1.06390494, -1.00784056],
       [-0.08908016, -0.09717422, -0.67365005],
       [-0.87067322, 0.24314966, -0.77970378],
       [ 0.35140732, 0.96773231, -0.87969496],
       [ 1.53832012, -1.27614764, -0.29445738]])
```

```
np .abs (arr1 )# 각 성분의 절대값 계산하기

array([[1.06813035, 1.12247683, 1.52975321],
       [0.04135334, 1.4893892 , 0.15231236],
       [2.57343364, 1.31045588, 1.65979 ],
       [0.4983699 , 0.32418568, 0.94913853],
       [0.78733276, 1.00404047, 0.64123874]])
```

```
np .sqrt (arr1 )# 각 성분의 제곱근 계산하기 ( == array ** 0.5)

/usr/local/lib/python3.7/dist-packages/ipykernel_launcher.py:1: RuntimeWarning: invalid
value encountered in sqrt
  """Entry point for launching an IPython kernel.

array([[1.03350392, 1.05947007,        nan],
       [0.2033552 , 1.22040534, 0.39027217],
       [1.60419252, 1.14475145,        nan],
       [       nan, 0.56937306,        nan],
       [0.88731774,        nan, 0.80077384]])
```

```
np .square (arr1 )# 각 성분의 제곱 계산하기

array([[1.14090245e+00, 1.25995424e+00, 2.34014489e+00],
       [1.71009848e-03, 2.21828019e+00, 2.31990564e-02],
       [6.62256072e+00, 1.71729461e+00, 2.75490285e+00],
       [2.48372561e-01, 1.05096356e-01, 9.00863958e-01],
       [6.19892882e-01, 1.00809727e+00, 4.11187127e-01]])
```

np .exp (arr1)# 각 성분을 무리수 e의 지수로 삼은 값을 계산하기

array([[2.90993385, 3.07245475, 0.21658911],
[1.0422203 , 4.43438618, 1.16452394],
[13.11076495, 3.70786367, 0.19017891],
[0.60752017, 1.38290406, 0.38707433],
[2.19752728, 0.36639603, 1.89883150]])

np .log (arr1)# 각 성분을 자연로그, 상용로그, 밑이 2인 로그를 씌운 값을 계산하기

/usr/local/lib/python3.7/dist-packages/ipykernel_launcher.py:1: RuntimeWarning: invalid
value encountered in log
    """Entry point for launching an IPython kernel.

array([[0.06590978, 0.1155377 ,   nan],
       [-3.18560216, 0.3983661 , -1.88182184],
       [0.94524106, 0.27037508,   nan],
       [nan, -1.12643884,   nan],
       [-0.23910429,   nan, -0.44435344]])

np .log10 (arr1)

/usr/local/lib/python3.7/dist-packages/ipykernel_launcher.py:1: RuntimeWarning: invalid
value encountered in log10
    """Entry point for launching an IPython kernel.

array([[0.02862426, 0.05017739,   nan],
       [-1.38348944, 0.1730082 , -0.81726484],
       [0.41051297, 0.1174224 ,   nan],
       [nan, -0.48920617,   nan],
       [-0.10384168,   nan, -0.19298025]])

np .log2 (arr1)

/usr/local/lib/python3.7/dist-packages/ipykernel_launcher.py:1: RuntimeWarning: invalid
value encountered in log2
    """Entry point for launching an IPython kernel.

array([[0.09508772, 0.16668567,   nan],
       [-4.59585244, 0.5747208 , -2.71489500],
       [1.36369458, 0.39006878,   nan],
       [nan, -1.62510772,   nan],
       [-0.34495458,   nan, -0.6410665]])

np .sign (arr1)# 각 성분의 부호 계산하기(+인 경우 1, -인 경우 -1, 0인 경우 0)

```
array([[ 1.,  1., -1.],
       [ 1.,  1.,  1.],
       [ 1.,  1., -1.],
       [-1.,  1., -1.],
       [ 1., -1.,  1.]])
```

np .ceil (arr1)# 각 성분의 소수 첫 번째 자리에서 올림한 값을 계산하기

```
array([[-1., -1.,  1.],
       [ 1.,  1.,  1.],
       [ 1.,  1., -0.],
       [ 1., -3.,  1.],
       [ 1.,  2.,  1.]])
```

np .floor (arr1)# 각 성분의 소수 첫 번째 자리에서 내림한 값을 계산하기

```
array([[-2., -2.,  0.],
       [ 0.,  0.,  0.],
       [ 0.,  0., -1.],
       [ 0., -4.,  0.],
       [ 0.,  1.,  0.]])
```

np .isnan (arr1)# 각 성분이 NaN인 경우 True를, 아닌 경우 False를 반환하기

```
array([[False, False, False],
       [False, False, False],
       [False, False, False],
       [False, False, False],
       [False, False, False]])
```

np .isnan (np .log (arr1))

```
array([[ True,  True, False],
       [False, False, False],
       [False, False,  True],
       [False,  True, False],
       [False, False, False]])
```

np .isinf (arr1)# 각 성분이 무한대인 경우 True를, 아닌 경우 False를 반환하기

```
array([[False, False, False],
       [False, False, False],
       [False, False, False],
       [False, False, False],
       [False, False, False]])
```

```
np .cos (arr1 )# 각 성분에 대해 삼각함수 값 계산하기(cos, cosh, sin, sinh, tan, tanh)

array([[ 0.28292939,  0.18732825,  0.93316587],
       [ 0.60814678,  0.89885772,  0.99997665],
       [ 0.8718066 ,  0.92485242,  0.9881705 ],
       [ 0.72798607, -0.9954123 ,  0.66906099],
       [ 0.9337306 ,  0.33415913,  0.86808882]])
```

```
np .tanh (arr1 )

array([[-0.85753362, -0.88147747,  0.35195568],
       [ 0.72450949,  0.42488675,  0.00683304],
       [ 0.47143823,  0.37148862, -0.15276165],
       [ 0.63836924, -0.99548634,  0.68466951],
       [ 0.3505756 ,  0.84260351,  0.47587741]])
```

2) 두 개의 array에 적용되는 함수

```
arr1

array([[ 1.06813035, 1.12247683, -1.52975321],
       [ 0.04135334, 1.4893892 ,  0.15231236],
       [ 2.57343364, 1.31045588, -1.65979 ],
       [-0.4983699 , 0.32418568, -0.94913853],
       [ 0.78733276, -1.00404047, 0.64123874]])
```

```
arr2 =np .random .randn (5 ,3 )
arr2

array([[-1.29938273, 0.36341472, -1.05050958],
       [ 0.41729455, -0.32191018, -1.24067344],
       [-0.16924042, -0.71385298, 0.86926989],
       [-1.67745417, -0.22925476, 0.05302652],
       [ 0.25149199, 2.02046869, -0.28075803]])
```

```
# 두 개의 array에 대해 동일한 위치의 성분끼리 연산 값을 계산하기(add, subtract, multiply,
divide)
np .multiply (arr1 ,arr2 )

array([[-1.38791013, 0.4079246 , 1.60702041],
       [ 0.01725652, -0.47944955, -0.1889699 ],
       [-0.435529 , -0.93547284, -1.44280548],
```

```
     [ 0.83599267, -0.07432111, -0.05032951],
     [ 0.19800788, -2.02863234, -0.18003293]])
```

```
# 두 개의 array에 대해 동일한 위치의 성분끼리 비교하여 최대값 또는 최소값 계산하기(maximum,
minimum)
np .maximum (arr1 ,arr2 )

array([[ 1.06813035, 1.12247683, -1.05050958],
     [ 0.41729455, 1.4893892 , 0.15231236],
     [ 2.57343364, 1.31045588, 0.86926989],
     [-0.4983699 , 0.32418568, 0.05302652],
     [ 0.78733276, 2.02046869, 0.64123874]])
```

3) 통계 함수

통계 함수를 통해 array의 합이나 평균등을 구할 때, 추가로 axis라는 인자에 대한
값을 지정하여 열 또는 행의 합 또는 평균등을 구할 수 있다.

```
arr1

array([[ 1.06813035, 1.12247683, -1.52975321],
     [ 0.04135334, 1.4893892 , 0.15231236],
     [ 2.57343364, 1.31045588, -1.65979 ],
     [-0.4983699 , 0.32418568, -0.94913853],
     [ 0.78733276, -1.00404047, 0.64123874]])
```

```
np .sum (arr1 )# 전체 성분의 합을 계산

3.8692166754418906
```

```
np .sum (arr1 ,axis =1 )# 열 간의 합을 계산

array([ 0.66085397, 1.6830549 , 2.22409952, -1.12332276, 0.42453103])
```

```
np .sum (arr1 ,axis =0 )# 행 간의 합을 계산

array([ 3.97188019, 3.24246712, -3.34513064])
```

```
np .mean (arr1 )# 전체 성분의 평균을 계산

0.2579477783627927
```

```
np .mean (arr1 ,axis =0 )# 행 간의 평균을 계산

array([ 0.79437604, 0.64849342, -0.66902613])
```

```
np .std (arr1 )# 전체 성분의 표준편차, 분산, 최소값, 최대값 계산(std, var, min, max)

1.165458519992544
```

```
np .min (arr1 ,axis =1 )

array([-1.52975321, 0.04135334, -1.65979 , -0.94913853, -1.00404047])
```

```
# 전체 성분의 최소값, 최대값이 위치한 인덱스를 반환(argmin, argmax)
np .argmin (arr1 )

8
```

```
np .argmax (arr1 ,axis =0 )

array([2, 1, 4])
```

```
# 맨 처음 성분부터 각 성분까지의 누적합 또는 누적곱을 계산(cumsum, cumprod)
np .cumsum (arr1 )

array([1.06813035, 2.19060718, 0.66085397, 0.70220731, 2.19159651,
       2.34390888, 4.91734252, 6.2277984 , 4.5680084 , 4.0696385 ,
       4.39382418, 3.44468564, 4.23201841, 3.22797793, 3.86921668])
```

```
np .cumsum (arr1 ,axis =1 )

array([[ 1.06813035, 2.19060718, 0.66085397],
       [ 0.04135334, 1.53074254, 1.6830549 ],
       [ 2.57343364, 3.88388952, 2.22409952],
       [-0.4983699 , -0.17418422, -1.12332276],
       [ 0.78733276, -0.21670771, 0.42453103]])
```

```
np .cumprod (arr1 )

array([ 1.06813035, 1.19895157, -1.83410002, -0.07584616, -0.11296445,
       -0.01720588, -0.0442782 , -0.05802462, 0.09000060, -0.04799735,
       -0.01556005, 0.01476865, 0.01162784, -0.01167482, -0.00748635])
```

4) 기타 함수

```
arr1

array([[ 1.06813035,  1.12247683, -1.52975321],
       [ 0.04135334,  1.4893892 ,  0.15231236],
       [ 2.57343364,  1.31045588, -1.65979  ],
       [-0.4983699 ,  0.32418568, -0.94913853],
       [ 0.78733276, -1.00404047,  0.64123874]])
```

```
np .sort (arr1 )# 전체 성분에 대해서 오름차순으로 정렬

array([[-1.52975321,  1.06813035,  1.12247683],
       [ 0.04135334,  0.15231236,  1.4893892 ],
       [-1.65979  ,  1.31045588,  2.57343364],
       [-0.94913853, -0.4983699 ,  0.32418568],
       [-1.00404047,  0.64123874,  0.78733276]])
```

```
np .sort (arr1 )[::-1 ]# 전체 성분에 대해서 내림차순으로 정렬

array([[-1.00404047,  0.64123874,  0.78733276],
       [-0.94913853, -0.4983699 ,  0.32418568],
       [-1.65979  ,  1.31045588,  2.57343364],
       [ 0.04135334,  0.15231236,  1.4893892 ],
       [-1.52975321,  1.06813035,  1.12247683]])
```

```
np .sort (arr1 ,axis =0 )# 행 방향으로 오름차순으로 정렬

array([[-0.4983699 , -1.00404047, -1.65979  ],
       [ 0.04135334,  0.32418568, -1.52975321],
       [ 0.78733276,  1.12247683, -0.94913853],
       [ 1.06813035,  1.31045588,  0.15231236],
       [ 2.57343364,  1.4893892 ,  0.64123874]])
```

Reference

"Patsy - Describing statistical models in Python — patsy 0.5.1+dev documentation".

"Announcing Michael Droettboom as the lead Matplotlib developer". matplotlib.org.

"Bigglessimple, elegant python plotting". biggles.sourceforge.net . Retrieved 24 November 2010 .

"Credits - Matplotlib 2.2.2 documentation". matplotlib.org . Retrieved 2018-04-11 .

"F2PY docs from NumPy". NumPy . Retrieved 18 April 2022 .

"How do you say numpy?". Reddit. 2015. Retrieved 2017-04-07 .

"Indexing — NumPy v1.20 Manual". numpy.org . Retrieved 2021-04-06 .

"Indexing and selecting data — pandas 1.4.1 documentation".

"IO tools (Text, CSV, HDF5, ···) — pandas 1.4.1 documentation".

"License - Package overview - pandas 1.0.0 documentation". pandas . 28 January 2020 . Retrieved 30 January 2020 .

"Matplotlib github stats". matplotlib.org.

"Matplotlib Lead Developer Explains Why He Can't Fix the Docs—But You Can - NumFOCUS". NumFOCUS . 2017-10-05 . Retrieved 2018-04-11 .

"Matplotlib: Python plotting — Matplotlib 3.2.0 documentation". matplotlib.org . Retrieved 2020-03-14 .

"Merge, join, concatenate and compare — pandas 1.4.1 documentation".

"NumFOCUS - pandas: a fiscally sponsored project". NumFOCUS . Retrieved 3 April 2018 .

"NumFOCUS Sponsored Projects". NumFOCUS . Retrieved 2021-10-25 .

"pandas - Python Data Analysis Library". pandas.pydata.org . Retrieved 29 September 2021 .

"pandas.date_range - pandas 1.0.0 documentation". pandas . 29 January 2020 . Retrieved 30 January 2020 .

"Python Data Analysis Library - pandas: Python Data Analysis Library". pandas . Retrieved 13 November 2017 .

"Python Data Analysis Library - pandas: Python Data Analysis

Library". pandas . Retrieved 13 November 2017 .

"Release Pandas 1.4.2".

"Reshaping and pivot tables — pandas 1.4.1 documentation".

"Statistical computations and models for use with SciPy".

"Toolkits". matplotlib.org.

Charles R Harris; K. Jarrod Millman; Stéfan J. van der Walt; et al. (16 September 2020). "Array programming with NumPy" (PDF). Nature . 585 (7825): 357-362. doi :10.1038/S41586-020-2649-2 . ISSN 1476-4687 . PMC 7759461 . PMID 32939066 . Wikidata Q99413970 .

David Ascher; Paul F. Dubois; Konrad Hinsen; Jim Hugunin; Travis Oliphant (1999). "Numerical Python" (PDF).

Elson, Philip. "Cartopy". Retrieved 24 April 2013 .

Entschev, Peter Andreas (2019-07-23). "Single-GPU CuPy Speedups". Medium . Retrieved 2021-05-11 .

http://www.statsmodels.org/

Kopf, Dan. "Meet the man behind the most important tool in data science". Quartz . Retrieved 17 November 2020 .

McKinney, Wes (2017). Python for Data Analysis, Second Edition . O'Reilly Media. p. 5. ISBN 9781491957660 .

Millman, K. Jarrod; Aivazis, Michael (2011). "Python for Scientists and Engineers". Computing in Science and Engineering . 13 (2): 9-12. Bibcode :2011CSE....13b...9M . doi :10.1109/MCSE.2011.36 . Archived from the original on 2019-02-19 . Retrieved 2014-07-07 .

Pine, David (2014). "Python resources". Rutgers University . Retrieved 2017-04-07 .

Schlömer, Nico. "tikzplotlib". GitHub . Retrieved 7 November 2016 .

Shell, Scott. "Writing fast Fortran routines for Python" (PDF). UCSB Engineering Department . University of California, Santa Barbara . Retrieved 18 April 2022 .

Shohei Hido - CuPy: A NumPy-compatible Library for GPU - PyCon 2018 , archived from the original on 2021-12-21 , retrieved 2021-05-11

Travis E. Oliphant (7 December 2006). Guide to NumPy . Retrieved 2 February 2017 .

Travis Oliphant (2007). "Python for Scientific Computing" (PDF). Computing in Science and Engineering . Archived from the original (PDF) on 2013-10-14 . Retrieved 2013-10-12 .

Travis Oliphant and other SciPy developers. "[Numpy-discussion] Status of Numeric". Retrieved 2 February 2017 .

van der Walt, Stéfan; Colbert, S. Chris; Varoquaux, Gaël (2011). "The NumPy array: a structure for efficient numerical computation". Computing in Science and Engineering . IEEE. 13 (2): 22. arXiv :1102.1523 . Bibcode :2011CSE....13b..22V . doi :10.1109/MCSE.2011.37 . S2CID 16907816 .

Wes McKinney (2011). "pandas: a Foundational Python Library for Data Analysis and Statistics" (PDF). Retrieved 2 August 2018 .

Whitaker, Jeffrey. "The Matplotlib Basemap Toolkit User's Guide (v. 1.0.5)". Matplotlib Basemap Toolkit documentation . Retrieved 24 April 2013 .

Worthey, Guy. "A python vs. Fortran smackdown". Guy Worthey . Guy Worthey . Retrieved 18 April 2022 .

Beazley, D. M. (2009). Python essential reference . Addison-Wesley Professional.

Beazley, D., &Jones, B. K. (2013). Python cookbook: Recipes for mastering Python 3 . " O'Reilly Media, Inc.".

Chen, Daniel Y. (2018). Pandas for Everyone : Python Data Analysis. Boston: Addison-Wesley. ISBN 978-0-13-454693-3.

Demšar, J., Curk, T., Erjavec, A., Gorup, Č., Hočevar, T., Milutinovič, M., ... &Zupan, B. (2013). Orange: data mining toolbox in Python. the Journal of machine Learning research , 14 (1), 2349-2353.

Holden, S., &Beazley, D. M. (2002). Python Web Programming . Sams Publishing.

http://bigdata.dongguk.ac.kr/lectures/Python/_book/pandas.html

https://3months.tistory.com/292

https://blog.naver.com/ogu3421/222736121915

https://brownbears.tistory.com/480

https://brownbears.tistory.com/480

https://colab.research.google.com

https://dataonair.or.kr/edu/

https://doorbw.tistory.com/171

https://en.wikipedia.org/wiki/Matplotlib

https://en.wikipedia.org/wiki/NumPy

https://hun931018.tistory.com/19

https://ko.wikipedia.org/wiki/NumPy

https://ko.wikipedia.org/wiki/Pandas

https://m.blog.naver.com/PostView.naver?isHttpsRedirect=true&blogId=hor
ajjan&logNo=221530201720

https://m.blog.naver.com/PostView.naver?isHttpsRedirect=true&blogId=hor
ajjan&logNo=221530201720

https://pandas.pydata.org/

https://pandas.pydata.org/pandas-docs/stable/reference/api/pandas.DataF
rame.dtypes.html

https://python-course.eu/numerical-programming/introduction-to-numpy.
php

https://seoyuun22.tistory.com/entry/PythonPandas-basic-%ED%8C%8C%EC
%9D%B4%EC%8D%AC-%ED%8C%90%EB%8B%A4%EC%8A%A4-%EA%B8%B0%EC
%B4%88-%ED%96%89%EC%97%B4-%EC%83%9D%EC%84%B1-%EB%B0%8F-%EC
%88%98%EC%A0%95%ED%95%98%EA%B8%B0?category=870257

https://velog.io/@rhqjatn2398/NumPy-NumPy%EC%9D%98-%ED%8A%B9%E
C%A7%95

https://wikidocs.net/33

https://wikidocs.net/84434

McKinney, W. (2011). pandas: a foundational Python library for data
analysis and statistics. Python for high performance and scientific
computing , 14 (9), 1-9.

McKinney, W. (2012). Python for data analysis: Data wrangling with
Pandas, NumPy, and IPython . " O'Reilly Media, Inc.".

McKinney, Wes (2017). Python for Data Analysis : Data Wrangling with
Pandas,   NumPy,   and   IPython   (2nd ed.).   Sebastopol:
O'Reilly. ISBN 978-1-4919-5766-0.

Molin, Stefanie (2019). Hands-On Data Analysis with Pandas: Efficiently
perform data collection, wrangling, analysis, and visualization using
Python. Packt. ISBN 978-1-7896-1532-6.

Nelli, F. (2015). Python data analytics: Data analysis and science using
PANDAs, Matplotlib and the Python Programming Language . Apress.

Pathak, Chankey (2018). Pandas Cookbook. pp. 1-8.

Subasi, A. (2020). Practical Machine Learning for Data Analysis Using

Python . Academic Press.

VanderPlas, Jake (2016). "Data Manipulations with Pandas". Python Data Science Handbook: Essential Tools for Working with Data. O'Reilly. pp. 97-216. ISBN 978-1-4919-1205-8.